梁羽生書苑丛书

饶宗颐在廣西

陶陶 陶桃钢——著

GUANGXI NORMAL UNIVERSITY PRESS

广西师范大学出版社

· 桂林 ·

图书在版编目（CIP）数据

饶宗颐在广西 / 陶钢，陶桃著. --桂林：广西师
范大学出版社，2021.1
　（梁羽生书苑丛书）
　ISBN 978-7-5598-3261-0

Ⅰ．①饶… Ⅱ．①陶…②陶… Ⅲ．①饶宗颐—生平
事迹 Ⅳ．①K825.4

中国版本图书馆 CIP 数据核字（2020）第 175818 号

广西师范大学出版社出版发行

（广西桂林市五里店路 9 号　邮政编码：541004
网址：http://www.bbtpress.com ）

出版人：黄轩庄

全国新华书店经销

广西广大印务有限责任公司印刷

（桂林市临桂区秧塘工业园西城大道北侧广西师范大学出版社
集团有限公司创意产业园内　邮政编码：541199）

开本：889 mm × 1 240 mm　1/32

印张：5　插页：3　字数：138 千

2021 年 1 月第 1 版　　2021 年 1 月第 1 次印刷

定价：50.00 元

桂林穿山，1941—1944 年无锡国专的校址

饶宗颐曾为之赋诗的旱峡

饶宗颐攀登过的天堂山山顶

《岭祖夜宿》的岭祖村

蒙山县城的陈家祠堂，黄花学院附中班授课处

玉梦冲口

文圩风雨桥

饶宗颐、简又文和梁羽生一起避寇的六排村和六排山

饶宗颐避寇的黄牛山

大藤峡

羈旅憶皐橋

壬午夏月選堂撰並書

賦詩皐橋羈旅會也

舊遊蒙山美夢

曩歲自桂林赴蒙山寄居龍頭村葉伯鸞寓葉伯迺賃春之廬庚辰山

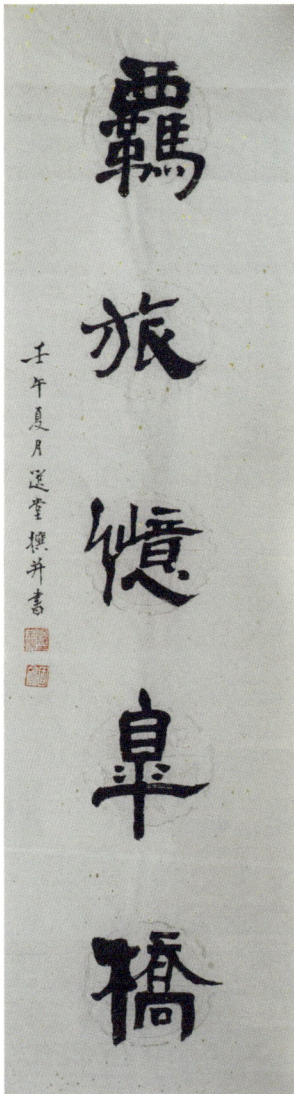

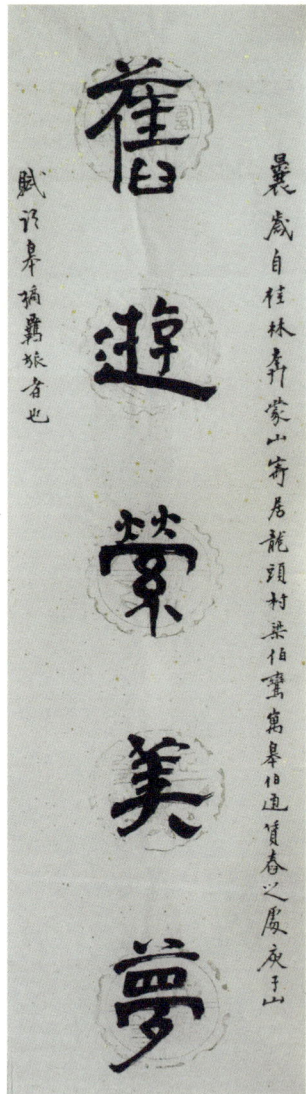

饒宗颐 2002 年为蒙山题联

推荐序

近一阶段，每有心情郁闷之时，总会翻翻手边的饶公宗颐的诗文合集《清晖集》。某日，与友人吃茶，席间说起我在《美术家》复刊号上的一篇文章：《简又文与〈刘猛进碑〉》，文中述及简又文、饶宗颐二先生与梁羽生（陈文统）交往轶事。《清晖集》有《瑶山集》一辑，饶公《自序》中云："去夏桂林告警，予西奔蒙山，其冬敌复陷蒙，遂乃窜迹荒村。托微命于芦中，类寄食于漂渚。曾两度入大瑶山，攀十丈之天藤，观百围之柚木……干戈未息，忧患方滋。"所述即饶公 1944 年夏为避日寇只身由桂林而入蒙山、瑶山的一段艰难困苦的时期。我曾于 2006 年初据此草成一篇长文《违难蒙山的文人们——饶宗颐、简又文、梁羽生的一段难中轶事》，先发表于广西师范大学出版社的《温故》杂志上，我略加增删之后，又经饶宗颐、梁羽生先生亲手订正，以原标题发表于香港《城市文艺》创刊号（2006 年 2 月）上，一晃就是十三年了。2019 年春夏之交，《城市文艺》已庆祝出刊一百期了，而文中所述及三位文化名人，早已先后作古，饶公得享一百零三岁高寿，2018年二月六日遽归道山，忽忽又是一年又八个月了。我每次重读《清晖集》中的《瑶山集》诗文，都会为这三位香港文化人的铮铮气节而深受感动。

四年前，国家隆重纪念抗战胜利70周年，为参与抗战的将士们颁发纪念章、军功章时，我也同时想到当年绝大多数的中国知识界精英在日寇的铁蹄下不愿做亡国奴而辗转逃难的事迹。西南联大的师生，还有活跃在重庆、桂林、昆明、长沙、长汀的大学老师及学生们，我们也是应该为他们树立功德碑的。周有光先生有一次与我提及这种逃难生涯时曾说过："日本人很坏，他们对中国知识人不是用逮捕捆打的方式，是用威胁、经济的又打又拉的办法，让你去依附他们的政权，某些人就这样被拉下水了。"但大节不亏的绝大部分文化人，却开始了艰辛卓绝的违难生涯，简又文和饶宗颐就是这样由广东、香港而流亡广西的。"莫谓书生空议论，头颅掷处血斑斑。"我一直期待有这样的专著来纪录下这些文人大家的报国明志之义，这是五千年中国文化血脉代代相承的传统。

去年三四月间，广西蒙山的文友陶钢寄来了他与其女陶桃合作的《饶宗颐在广西》的初稿。陶钢君与我结识缘于梁羽生先生，他是梁羽生先生的乡后辈、"忘年交"。梁羽生先生当年在蒙山拜饶公为师学填词制诗，来香港后又与饶公时有诗文请教。我也常受梁公之命与陶钢君联系，协助办理一些他周济蒙山亲友的事，因而与陶君日渐熟稔，饶公为梁羽生家乡文圩廊桥题写"旧游萦美梦，羁旅忆皋桥"的联句，就是由我交办予陶君，由他监工成事的。也因为这个缘故，陶钢来港几次参加活动，我介绍他拜识了饶公宗颐先生。

我多次呼吁，也真诚地希望，广西的文化界及有关部门要重视以饶先生为代表的抗战时期那批文化人在该地区的活动，重视资料的搜集及整理。同时，这也是饶公人生逆旅中的一段重要历史。我也鼓励广西的年轻学者，循着《清晖集·瑶山集》的诗篇去做田野调查，抢救资料，采访饶公当年的学生，查核诗中有关的人和事，征集有关的背景资料及拍摄有关的史迹。最好有一本著作，可以为饶公在广西的经历留下珍贵的资料，为未来有人撰写《饶宗颐传》做一个铺垫。可以说，这部书正是填补了这个空白。

除此之外，饶公作为一位世纪老人，他的人生阅历很丰富，而历史往往在细节上见精神。他似乎没有留下日记，而他们那一辈人除了高头讲章、学术考证的大量论文之外，其人生经历往往是"以诗证史"，既以纪事诗证说大历史，也记下自己所经历、见证的人与事，书信与诗是他人生纪录的最好展印。陶钢父女的这本书也是依诗篇而与蒙山的背景来展开叙事的，并辅以大量的图片及地方史料来与之相说明。

其次，我认为应该要强调的是饶宗颐先生在逃难的危险境地里依然抓住每一个机会继续学术研究。他们那一代学人中，简又文先生是太平天国史研究的大家，当时已专研此专题25年之久。他一边避难在梁羽生家的山居中，生活困苦，一边却借机考察太平军在蒙山一带的军事活动、战史。他在《张谷雏瑶山诗景图题记》中指出："饶子自桂林疏散，逃蒙山。是岁冬，蒙山陷，转奔大瑶山，寄迹蛮陬，历旱峡，金鸡隘，登天堂山绝顶，危崖逼仄，崩腾泻瀑，大壑澎湃，如鸣巨鼓；羊肠鸟道，手攀千丈天藤，纵观百围柚木……天遣饶子，壮岁韶华，投荒殊乡，宾从瑶民为侣，猺獠犹比眷属，花草俨如法象。""窃以南陲荒服，山经水注，所未备载。……使饶子见之以补其阙。"正说明了即使在战乱中，流亡的中国真正的学人仍因地制宜，孜孜矻矻，弦歌不绝，坚持学术研究的传统。

瑶山彼时恍如与世隔绝，费孝通先生曾携夫人去瑶山寨中做田野调查，当地生活环境恶劣，瘴疠之病流行，费夫人在考察途中因病去世，就地造冢，长眠于瑶山之中，乃学术界之痛事。而瑶山群峰并峙，山谷之间，来往人士以攀藤荡过，脚下峡谷深邃。饶公曾向我谈过他当年由几位当地学生陪同深入瑶寨作田野调查的情景，所到之处，都是历史上未有文人踏足之地。这就是简又文先生上文所说"山经水注"也不见备载，是饶先生作为学人，第一次涉足，因而才能为这些史迹补阙。饶公曾绘声绘色地向我叙述了如何双手紧抓大藤，由二位学生在后用力将他推送，再由先行荡过的学生在彼岸接抱，若稍有闪失，将酿大难。把我听得手心攥了一把冷汗。适如那部好莱坞电影《阿凡达》中所表现的那些攀藤过山的原乡人一样。有所经历者，我想旷古文人中也唯有饶先生一人而已，当时已传为佳话。六十年后，他讲述此事时兴奋之情仍溢于言表，其音容笑貌，今日思之，犹历历在目矣！

在战争年间，书生能苟活下来本就很不容易了，但饶先生他们那一代中国学者却以绝不放弃科学研究的态度展现了读书人的气节

4

与精神风貌，在本书中，我们将可以看到这些感人的故事。

陶钢以多年的心血写下的这本书，是一本纪录饶宗颐先生在广西的重要生涯的叙事性著作，不能列为研究之作，深度也许不够，对饶公的心路历程也未必能有到位的评论，这方面可参见郭伟川兄所撰《略论〈瑶山集〉之时代精神与风骨》一文及郑炜明先生的长文。有些部分，也稍嫌单薄，譬如作为无锡国专广西分校的其他学者流亡时期在山区的乡村推广国学、教书育人及雅集趣事，亦可为无锡国专的抗战校史补充一些珍贵的数据。虽然存有采访学人遗属的数据，但文字数据较少，文献引用也仅止于某些书本讲述的资料，有些不足为凭。凡此种种，有待作者将来进一步补充及修订。

我想现在已有"饶学联汇"这样的学术机构在展开对饶宗颐先生的学术成就、思想的研究，但他的个人生平之事是他的传记的另一个重要部分，陶著开风气之先，将来或有"饶公与广东""饶公与敦煌""饶公在香港"等书问世，而饶宗颐先生本就是一本大书，值得我们这些后学好好地学习与研究。

《饶宗颐在广西》一书将付梓，陶钢君索序于我，实在不敢当，惟推辞不过，谨撰芜文，借作喤引，是为序。

孙立川

2019 年 10 月 20 日于香港

两海轩陋居

目　录

一、年轻的教授

万古不磨意

中流自在心

——饶宗颐题诗

1943年深秋的一天，在因战乱从江苏无锡迁到广西桂林穿山的无锡国学专修学校里，有两位老师正在对背《西厢记》的台词，只听得你对我接，你来我往，两人很流利地背完了，未分胜负，二人接着又开始背《桃花扇》，没用多久又背完了。当时在场负责做评判的老教授俞瑞征没能定下胜负，便提出让两人再背《窦娥冤》，由年轻的老师先开句，还是你一句我一句地往下背诵，不久，年长一些的那位老师就有些接不下了，最后由年轻的那位老师一人把《窦娥冤》背完，胜负立见。这位年轻的老师，是当时无锡国学专修学校最年轻的讲师，来自广东潮州的饶宗颐。

饶宗颐（1917—2018），字伯濂，又字伯子、固庵，号选堂。

与饶教授对背《窦娥冤》的老师叫何觉，当年还不到40岁，何觉字蒙夫、觉夫，也是位讲师，广东顺德人。

话说当年在场聆听两人斗背的无锡国专学生中，萧德浩、黄伟、黄水新、黄俊、凌超荣、谭可贵、陈介忠等都是广西蒙山籍的学生，他们都被饶老师惊人的记忆力和渊博的学识深深地折服，从此后非常仰慕这位最年轻的老师，常聚在一起向他请教学问。

萧德浩后来回忆起这段经历时说："饶宗颐老师是1943年秋应聘到桂林无锡国学专修学校任教的，他在我们班讲授历史散文、文字学两门课程。上课时讲解词义清楚明了，还举出许多例证，使人触类旁通，有时加入一些小故事，引起学生极大的学习兴趣，他的学问功底深厚，知识渊博，思维敏锐，是我们最敬爱的一位老师。"

无锡国学专修学校，简称无锡国专，1920年由施肇曾和陆起创建于无锡惠山山麓，始名"无锡国学专修馆"。十年后，因当时的教育行政部门有规定，一个单系的高等学校只能称专修学校，遂改为"无锡国学专修学校"，其办学宗旨为："研究本国历史文化，明体达用，发扬光大，期于世界文化有所贡献。"无锡国专与当时的武昌文华图书馆专科学校，是当时全国仅有的两所能立案设立的私立专修学校。

无锡国专的首任校长（馆长）是我国著名教育家唐文治先生（1865—1954）。唐文治出生于江苏太仓，18岁中举人，27岁中进士，曾任上海高等实业学堂（原名南洋公学，即上海交通大学的前身）校长。在担任无锡国专校长期间，他身体力行亲自授课，由于他的声望和求实的办学精神，质朴无华和敦品励学的学风，办学仅十年就培养出了像唐兰、王蘧常、吴其昌、蒋天枢、钱仲联、蒋庭曜、夏君虞等学者，从而吸引了全国各地莘莘学子慕名前来。

1937年10月，日寇飞机开始轰炸无锡，无锡国专在当地已无法正常办学。1937年11月，已72岁高龄的唐文治校长，为保存中国文化种子，不顾自身眼疾，毅然率领学校师生走上向内地辗转迁徙之路。他们途经镇江、武汉，抵达长沙。在长沙恢复上课一段时间，后经黄炎培先生介绍，并得广西省政府主席黄旭初诚邀，唐文治校长便率无锡国专全校师生于1938年2月迁到桂林，在环湖路18号租赁校舍上课。可惜在一学期后，唐文治校长因水土不服，多病缠身，只得向当时的教育部请假，回上海治病。

唐文治校长回到上海后，江浙一带没有随迁广西的学生表达了希望在上海复校的愿望。办学需要向日伪登记，唐文治先生为了不向日伪妥协，遂将学校改名"私立国学专修馆"，沿用私塾形式在上海康脑脱路（今康定路）通州中学办学，从此开始了无锡国专历史上的广西"桂校"与上海"沪校"并立的时期。唐文治校长离开桂林后，在桂林的无锡国专就由教务长冯振任代理校长，广西的无锡国专一直到1946年才迁返无锡。

冯振（1897—1983），广西北流人，是唐文治在南洋中学时的学生，1917年起先后在广西梧州中学、北流中学、容县中学任教，精

文字训诂之学和周秦诸子思想，是我国知名的教育家、诗人。他于
1927年夏应老师唐文治邀请到无锡国专任教，并任教务长。1938年
10月下旬，广州、武汉相继沦陷，桂林常遭到敌机的狂轰滥炸，师
生的安全受到极大的威胁，冯振遂率领在桂林的无锡国专转移到其
家乡北流的山围乡（今山围镇）和萝村（在今民乐镇）继续上课。

1941年到1944年间，桂林城在伏波山、紫金山和象鼻山三个高
炮阵地组成了防空线，敌机轰炸已经没有以前频繁了，桂林城相对
稳定了一些。1941年秋天，冯振率领国专师生从北流再次迁回桂林，
在美丽的穿山开学上课。

这是无锡国专在广西办学的鼎盛时期，办学得到了广西省政府
和社会各界的合力支持。由于当时桂林成了抗战后方的文化重镇，
许多著名的学者教授荟萃于此，仅无锡国专就有阎宗临、李一真、
蒋庭曜、卢冀野、俞瑞征、向培良、吕竹园、卜绍周、黄景柏、徐
焕、陈千钧等教授，还有黄照熹、何觉、欧阳革辛等讲师。

1942年2月，著名学者梁漱溟先生从香港回到桂林，冯振代校
长多次致函邀请他去讲学，梁漱溟便从七星岩教育研究所搬到穿山
去住，并为国专开设了中国文化要义、东西文化及其哲学两门课程，
还有巨赞法师、吴世昌、张世禄、陈竺同、黄际遇等学者也在无锡
国专开设了学术讲座。为了筹集更多的办学经费，冯振代校长还与
梁漱溟先生商量成立无锡国专校董会，由梁先生出面，请时任国民
党军事委员会桂林办公厅主任李济深担任董事长，李任仁、黄绍竑、
刘侯武、黄星垣、梁漱溟等各界名流为董事。通过这些社会知名人

1944年无锡国专全体教职工合影（二排左五为饶宗颐、一排左五为冯振）

士广泛向社会募捐，无锡国专筹到了一大笔办学经费，然后在穿山200多亩的荒地上建起了办公厅、礼堂（兼做餐厅）、图书馆、教室等。后勤方面，他们不仅建起了学生和教师宿舍各两栋，还在山坡上开辟平整出一块操场，设有篮球场、排球场等场地。无锡国专开设五年制和三年制两种学制，五年制开五个班，招收初中毕业生；三年制开三个班，招收高中毕业生；此外还兼有教育部委办的二年制文书班两个班，全校共有师生300多人。

学生萧德浩清楚地记得梁漱溟教授讲课的情景。"有人说梁漱溟是哲学家、政治家、思想家，这都不是。若有人问你们，梁漱溟是什么人？你们应该这样回答：'他是一个有独立思想的人。'"课间，梁漱溟还讲起自己年轻时投考北大的轶事：那年他17岁，因生得矮小，入考场时排在队伍的末尾，监考的老师不许他进考场，还对他说："你这么年幼矮小，还是回家去，过几年长大了再来考吧。"受此轻视，梁漱溟立下誓言："不许我考试做学生，过几年我要来这里当教师。"此后他天天蹲在北京图书馆里，以白开水送馒头、烧饼过日子，潜心研究中国哲学、佛学、先秦哲学思想。后来，他写了一篇有创见的学术论文，寄给了北大校长蔡元培。蔡元培看了之后大为赏识，立即聘请梁漱溟到北大任教。那年梁漱溟才24岁，就此成为一个没有上过大学的大学教授。

天才总是相似的，饶宗颐教授也是一个没有上过大学的大学教授，那天饶宗颐也曾到校礼堂听梁漱溟教授讲课，梁漱溟在课堂上有一句话给饶宗颐留下了深刻的印象："我根本没有学问，我会抓问题，我就是从问题中读书、论学。"

那么饶宗颐先生是如何在未满27岁时就成为无锡国专的教授的呢？陈韩曦先生所著的《饶宗颐学艺记》里叙述道："饶宗颐家世学问的传授有根源，他从小拥有二个世界，一个是在'天啸楼'的书山学海中求正、求真、求是，另一个是在光怪陆离的梦想中逍遥四方。"他生于广东潮安县城（今潮州市湘桥区）的首富之家，他父亲饶锷先生（1891—1932）毕业于上海法政学校，他既是钱庄财主，又是当地著名的大学者，还是进步团体南社的成员。母亲是清末户部主事蔡学渊之次女，可惜在饶宗颐两岁时病故。

饶宗颐自小便显露出文学方面的爱好，他最爱父亲"天啸楼"中的数万卷藏书。耳濡目染，饶宗颐爱上了读书，在最艰难的时候也没有放弃读书。

1923年，饶宗颐6岁，最喜欢读《封神榜》，后来他模仿武侠小说的套路写出了《后封神榜》，可惜文稿佚失。

1925年，饶宗颐8岁，入读潮州城南学校，随启蒙老师蔡梦香练习书法。

1927年，饶宗颐10岁，这一年他开始通读《通鉴纲目》《通鉴纪事本末》《通鉴辑览》等古籍，并能背出《史记》多篇，于经史、佛典、诗词、文赋都有所涉猎，奠定了深厚的国学基础。

1928年，饶宗颐11岁，他开始接触道家、佛家、医学之书，培养自己的定力，悟出只有以宁静的心态，排除各种干扰，才能把心思"定"在做学问上。

1929年，饶宗颐12岁，跟从画家杨栻学习绘画，临摹任伯年的真品。于书法上，他十分喜欢清乾隆年间潮州书法家郑润的临古帖。文学方面，他受到古文老师王慕韩的影响，从研究韩愈的文章入手。韩愈曾在潮州任刺史，这位唐代杰出的文学家、思想家、哲学家和政治家，对饶宗颐的影响很深。

1931年，饶宗颐14岁，从潮州城南小学考入省立金山中学，读了一年后，他发现课堂上所授的一些课文，他都已经熟诵。学校教育已经不能满足他的求知欲，于是退学回家自修。

　　1933年，饶宗颐16岁，他原想自学有所成后就去报考大学，然后在大学里再做学问研究，正当他孜孜不倦，铆足劲儿准备报考大学的时候，他的家中出现了重大的变故，他的父亲饶锷老先生由于积劳成疾不幸辞世，终年42岁。为悼念父亲，在父亲离世一个月后，饶宗颐创作了生平第一首诗《优昙花诗》，后来此诗发表于中山大学中文系《文学杂志》第11期。饶锷先生平生致力于考据之学，擅长诗词文章，谙熟佛典，有多部著作传世，遗憾的是他的最后一本著作《潮州艺文志》还未编完。饶宗颐牢记父亲遗训，发愤自励，继续其父亲未竟之业，续编《潮州艺文志》。这段时间饶宗颐有多篇文章在《禹贡》半月刊上发表，从而认识了大学者顾颉刚先生，加入了顾颉刚先生发起成立的"禹贡学会"。饶宗颐在历史地理学的造诣与加入禹贡学派有很大的关系。

　　1936年，饶宗颐19岁，经他整理的《潮州艺文志》在广州《岭南学报》上发表，共有65万字，这是一部研究潮州历代文献的里程碑式的著作，凝结了饶家两代人的心血。这部书同时也确立了饶宗颐在广东学术界的地位。不久他被聘为中山大学广东通志馆专任纂修。1938年10月广州沦陷，广东通志馆被迫关闭，饶宗颐回到潮州，受著名学者詹安泰委托，到韩山师范专科学校代课三个月，这是他第一次走上大学讲台，从此开始了他的教学生涯。在此期间，他讲授"训诂学"和"诸子百家"，深得学生喜欢。

　　1939年，饶宗颐22岁，时年5月潮州沦陷。饶宗颐作《马矢赋》真实反映出在日寇蹂躏下潮州人民的悲惨生活。8月，搬迁到云南澄江的中山大学聘请饶宗颐去当研究员，此时铁路已被日军控制，饶宗颐只好和夫人先到香港，再想法转往云南。

1940年，23岁，由于赴港路途的艰辛，饶宗颐患上了疟疾，被迫留在香港治疗了两个多月，病愈后由于家人的反对不得不取消了去云南的行程，但在香港治病期间他结识了民国时期著名的出版家王云五先生和中国现代书画大师、收藏家叶恭绰先生。饶宗颐协助王云五编撰了《中山大辞典》，获得了接触甲骨文的机缘。协助叶恭绰先生编撰了《全清词钞》，得以阅读各种珍本。叶恭绰先生是第一个提出敦煌学概念的人，在叶老先生的家里，饶宗颐第一次看到私家珍藏的几千份敦煌经卷，从此他对敦煌学着了迷，与敦煌学结下了终身的缘分。当年饶宗颐完成了自己的名作《楚辞地理考》。

1942年，饶宗颐25岁，由于香港在1941年沦陷，饶宗颐夫妇随逃难的人群从香港来到揭阳，因潮州城已被日军控制，无法归家，遂在揭阳一带收集地方文献资料，收获颇丰，他寻得"潮州先贤遗像"20多幅。

1943年，饶宗颐26岁，年初他在潮州战时自由区凤凰山的金山中学当国文教员，到了秋天，经曾在广西无锡国专任教授的好友郑师许（1897—1952）推荐，饶宗颐先生收到桂林无锡国专的代校长冯振亲自发来的聘书，聘请饶宗颐到国专任教授。就这样，饶宗颐绕过沦陷区，孤身前往广西桂林的无锡国专任教。在桂林，他先教古文字学，后教诗词，于是便有了以上与何觉斗背书的场景，何觉后来和饶宗颐一同避难蒙山，成了难兄难弟，友情甚笃。

1943年秋到1944年初夏，桂林作为抗战后方的文化城还是较为平静的，这时饶宗颐除了授课外，还游历了兴安灵渠，全州，湖南永州、宁远等地，他想起南宋时期著名的爱国诗人陆游的《山南行》有感，以《清湘行》记之：

清湘行

次放翁山南行韵

秦人昔破荆楚日，鏖兵先自黔中出。

制敌奇正环相生，回首龙门意怫郁。

灵渠无竭气尤豪，远同河海分朋曹。

湖南从古清绝地，清湘弄碧九嶷高。

百年草草征伐处，丛薄深菁宛如故。

海阳山峻阵云深，陆梁地僻烟尘暮。

长川形胜接中原，暂将坚壁掣鲸吞。

前事不忘殷鉴在，恢宏庸蜀为本根。

与当年的陆游一样，饶宗颐教授亦怀有深沉的爱国主义情怀，青年的饶宗颐教授希望国民政府吸取秦国灭楚国的教训，把握住战略要地，抗击日寇。"长川形胜接中原，暂将坚壁掣鲸吞"，诗言神州大地山川相接，且多险要，只要中国人民同仇敌忾，据险御敌，则自能碧海掣鲸，克敌制胜。如此精神气概，青年饶宗颐与当时的悲观论者完全不同，他对国家和民族最终将取得抗战的胜利抱有热切的希望和坚定的信心。

饶宗颐教授在广西桂林无锡国专任教前后近三年，这是他人生中所经历过的最苦难、最危险的时期，他与广西人民同甘共苦，把苦难化作了食粮，把满腔爱国情怀唱成了诗歌。在这段时期饶宗颐教授写出了奇警峭拔、古韵悠长的《瑶山集》，《清湘行》便录入了其中。

诗人陈颙读《瑶山集》后有《读岭南诗人绝句题瑶山草》诗：

> 兵火磨心说太平，晚年相值重诗声。
>
> 须眉节慨邝海雪，忧患诗篇杜少陵。

覃才亮先生读《瑶山集》后有诗赞曰：

> 奇山异水恋缘仁，离乱家国雁滞尘。
>
> 炮火荒村张丑魄，鸡豚醇酿左羊魂。
>
> 天堂峡隘交知己，祠祖黄牛济海云。
>
> 万类岭西新意境，大师桥绘阆风文。

2012年6月28日，饶宗颐教授赴杭州任西泠印社社长，在杭州市政府举行的欢迎会上，他说他自己是吃了好多苦的，个中艰苦，在他羁旅广西时所创作的《瑶山集》中可窥一斑。饶教授在《瑶山集·自序》中曾说道："干戈未息，忧患方滋。其殆天意，遣我奔逃。"这一番奔逃，使饶宗颐先生得以历从前未历之境，奇山秀水，风土人情，让他诗情勃发，同时，国难战乱使他犹如杜甫奔逃安史战乱一样与老百姓一起羁旅山野，触目所及是国家山河破碎，百姓生活困苦流离，这也激起了饶宗颐先生的极大悲愤，激发出他深厚无比的爱国主义情怀，创作出《瑶山集》这样一部诗坛的不朽著作。

正所谓"独行长剑一杯酒，孤客高楼万里心"。让我们跟着《瑶山集》去寻觅饶宗颐教授70多年前的足迹吧。

二、疏散蒙山县

谁怜万里无归路，却认蒙州是故乡。

——饶宗颐《七绝·蒙州》

　　1944年，日军为打通中国大陆连接南洋的交通线，摧毁在湖南、广西的美军空军基地，发动了大规模的"一号作战"。4月发动"河南会战"，占领了河南大部和平汉线。5月底发动"湖南会战"，6月19日长沙沦陷。26日，桂林城防司令部发布了第一次疏散命令，要求所有桂林居民限期离开桂林城，如果疏散期满仍然私自留在市内者"以汉奸论"。当时桂林约有50多万居民，他们的疏散线路大致有三条：一是水路，沿漓江而下经阳朔、平乐，撤往东南方向200公里外的昭平等地；二是铁路，沿着湘桂铁路乘坐火车撤往柳州，到柳州后可换乘火车西撤至贵阳甚至重庆、昆明等地；三是从桂林经阳朔到荔浦的公路，这条路车少，走的人略少，也有一些人因为搭乘不上火车而选择徒步行走，经荔浦后前往柳州方向。此时，在桂林的各大专院校，都已提前放假，文化界人士纷纷沿着这三条线路向后方和偏僻的山区县、乡疏散。桂林师院疏散到贵州平越（今福泉市），广西大学疏散到贵州榕江。梁漱溟、何香凝、千家驹、欧阳予倩、高士其等一大批民主人士则疏散到广西昭平。

饶宗颐教授经过反复思量，选择了离桂林150公里的蒙山县作为避难的去处。蒙山与昭平相邻，为何选择这里，这就是他与蒙山的缘分了。饶宗颐教授比冯振代校长与无锡国专留校员工等早两个多月就到了蒙山。在桂林第一次宣布疏散时，兵荒马乱中，他听说回广东潮州家乡的所有道路都已经被日军封锁了，于是他判断日军迟早会攻占桂林的，便打算先到蒙山县躲避战火，然后再做下一步打算。

想法确定后，饶宗颐找到了往日与自己相处较熟的几位蒙山籍的学生，提出暑假想到蒙山去。这些同学平常就十分喜欢年纪相差不大，亦师亦友的老师，听后都十分高兴，心想饶老师到了蒙山，大家都可以就近向他请教学问了。当中有名叫黄伟的同学说道："饶老师您到我家里去吧，我家在离县城3公里的龙虎岭村，有几间青瓦砖房，吃住都不成问题。另外我家在县城还开了间书店叫'三民石印社'，楼上也可以住人。"饶宗颐教授听后十分高兴，就答应了黄伟。

两天后，师生两人收拾好行囊，饶宗颐教授随身带了两大袋的书籍，他们轮流肩挑背扛，好不容易来到漓江码头搭上了一条往平乐的大木船。

这是一条没有动力的木船，全靠人工撑船，水深的地方摇橹，虽然是顺水行船，仍然走得很慢，这与师生二人饱览沿途风景的心愿不谋而合。船行到河面宽阔处，水流平缓，波平如镜，两岸青山倒映，山水相连，漓江美景尽在眼中，常言道"桂林山水甲天下"，"阳朔山水甲桂林"，不是亲临其境是体会不出的。船过阳朔不久天渐黑了下来，船老大便在一个小镇靠岸停船，船客上岸饱食一顿后再回船上住宿。

第二天，艳阳升起，风和日丽，船过平乐境地，江面开始宽阔起来，近看两岸竹影婆娑，绿树丛中蕴藏着一间间的小屋，田野上有农夫在劳作，河畔上则有一些妇女在洗衣裳，一派宁静的田园风光。放眼远望，白云深处的一排排竹房茅屋里住着人家。这与在桂林疏散时的人心惶惶、兵荒马乱情景相比，犹如两个世界。

这时饶宗颐教授想起了晋宋时期的始安郡（即后来的桂林），有位山东临沂籍的太守颜延年，过汨罗时作的《祭屈原文》，也想起了在唐朝有"诗豪"之称的刘禹锡，饶宗颐仿效着"诗豪"的诗韵有感而发，遂作《始安竹枝词》四首：

始安竹枝词

余遭乱历平乐荔浦，其地即晋宋始安郡境。感颜延年之望汨心欷，效刘梦得之联歌赴节，为赋竹枝四首。

15

纵是温风每怠时，满山还唱畲田词。

故蹊帝子无人问，短笠长刀赴乱离。

层层桃李散朱氛，竹户茅茨高概云。

灵秀昭州容一盼，九疑［嶷］泷险此中分。

甘岩靖尉列山头，银钏歌声拂水流。

崖处巢居天不远，云间烟火是孤州。

断藤不绾东西岭，丛木废池乱后过。

日暮高城人不见，扣盘谁唱竹枝歌。

　　饶宗颐教授在诗中描绘了他所到之地淳朴的民风民俗，恬静的山村美景。可惜，虽然美景能一时转移他愤懑的情绪，但日寇侵我国土，给人民带来的战争创伤是他永远不能释怀的。

　　船到平乐已是午后，师生俩上岸找了间临近车站的旅馆住下。第二天搭上了一辆靠烧木炭作为动力的班车前往荔浦，人称"木炭车"。那时连接广西各县的交通工具都是这种车，牌子是美国的"大道奇"，但因为当时汽油奇缺，只好改烧木炭，在车厢旁安装上一个大铁筒，由司机的助手装上木炭后用手摇风车鼓风燃烧，以热气转换为动力，每行几十里又要加炭一次。而所谓公路是用砂石铺成，路面高低不平，从平乐到蒙山要先向西走40公里到荔浦县，然后来个九十度大转弯向南，沿荔浦通蒙江的沙子公路再走40公里才到蒙山。师生俩在摇摇晃晃的车厢里坐了半天，于中午时分到达荔浦县城，吃了碗米粉，这时已经没有汽车下蒙山了。因携带的两大袋书籍太重，饶宗颐教授只好雇了一辆手推的木车拉书，师生俩沿着荔蒙公路步行，他们过杜莫走到蒙山的新圩时已是下午6时，车主告知他们，前面是蒙山旱峡（新圩的别名），路途崎岖怕有山匪打劫，木车主就到此返回荔浦了。饶教授只好与黄伟在新圩投宿。

新圩镇距蒙山县城12公里，第二天他们雇了一辆黄牛车，师生俩优哉游哉，过旱峡，下古排，于中午前到达县城。县城小巧玲珑，置于蒙山盆地之中，只见四周群山翠绿，发源于大瑶山的湄江自西向东南穿城而过，县城北有旱峡，南有水秀峡，西有夏宜峡，东有莽莽群山，皆是避敌的天然屏障，这里民风淳朴，饶宗颐教授甚是喜欢。

在学生的安排下，饶宗颐教授便住进了黄伟家开的书店——县城通文街"三民石印社"的楼上，这是饶宗颐教授避难蒙山一年多时间里居住的第一个地方，在这里他住了四个多月。

第二天，听到饶宗颐教授已经下榻"三民石印社"书店的消息，住在县城附近的学生萧德浩、黄水新等立即赶到饶教授的住处来，询问老师生活上有什么需要帮助的。大家发现书店内有伙计帮忙料理伙食，楼上房间生活用具一应俱全，这才放下心来，饶老师笑着对大家说："还好，还好，谢谢同学们的关心。"喜欢作诗的萧德浩便

17

拿出三首描写家乡蒙山的近作向老师请教，饶宗颐教授看后沉思片刻说："这三首写得情真意实。'却比芙蓉瘦二分'运用比兴手法，写得形象，其他句较平淡。"饶老师还问他喜欢读哪位诗人的作品，萧德浩答道："最喜欢杜甫、陆游的诗。"饶教授赞赏地点头，并对萧德浩说："阅读诗词应广泛，兼收并蓄，不应限于喜爱的少数人的作品，要开拓视野，融会百家，吸取多方面的营养，才能充实丰富自己。另外，写诗词要用比兴的手法，这是中国诗词传统的手法。"

萧德浩家住在县城向明街，离饶教授住的地方不远，饶教授还到过他家几次，认识了萧德浩在城厢中学当校长的父亲萧燊，同时通过萧燊认识了当时在县修志局任局长的族兄萧韶美。萧韶美是光绪年间举人，曾任兴业县县长、蒙山中学校长等职，几次接触下来他们成了朋友。

7月间，湘、桂战事一度有所缓和，黄伟同学回忆说："饶老师到蒙山后，早晚一般都是到城东的文笔塔，或城西的长寿桥等地方散步。此外每日都是在楼上看书、写诗，通过读报来了解战事消息。"黄伟清楚地记得当时饶宗颐教授写过的一首诗《七绝·蒙州》*：

> 衡岳由来古战场，此番云雨太荒唐；
>
> 谁怜万里无归路，却认蒙州是故乡。

---

* 据黄伟回忆，此诗收录于《蒙山抗日风云录》。

饶宗颐教授在蒙山县城居住时常去鳌山文笔散步，左二为萧德浩的父亲萧燊。

　　古蒙州素有"小桃源"之称，饶宗颐教授有对这里的地理、文化、历史特别是民俗风情做进一步了解的心愿。于是他从萧韶美处借来了《永安州志》，对志中所描述的大瑶山东麓的天堂山和岭祖瑶村很感兴趣，于是计划带着黄伟、萧德浩、黄水新等同学到岭祖瑶区去做一次社会调查。

三、一进大瑶山

金汤安南纪

秀气接中原

——饶宗颐为金秀写的嵌字联

大瑶山是五岭山脉中越城岭的一支，由广西兴安县迤逦南下，经过龙胜、灵川、临桂、永福、阳朔等县的边境，到荔浦县修仁镇附近，群山连绵起伏，峰峦叠翠，盘郁于荔浦、象州、武宣、鹿寨、桂平、平南、蒙山七县包围中的一个大山，其主峰圣堂山在金秀瑶族自治县境内，故称"金秀大瑶山"。饶宗颐教授曾经为金秀县写过一副嵌字联：

金汤安南纪

秀气接中原

金秀大瑶山南北长约150公里，东西宽约90公里，新中国成立前这里的交通极为不便，山中只有几个大隘口通往山外。大瑶山里居住着盘瑶、山子瑶、坳瑶、茶山瑶、花蓝瑶等五个瑶系，他们是明代初期以后从各地迁徙到大瑶山的，各支系都以瑶语相通，没有文字。在晚清以前，大瑶山既无官府衙门，也没有"瑶官""族长"之类的官府代理人，瑶族人民靠自己定制的石牌制度来管理金秀瑶山，过着"自律自治、自耕自食"的生活。直到20世纪30年代，国民党政府才开始管辖瑶山地区，用保甲制度统治瑶民。

饶宗颐教授一行要去的天堂山是大瑶山脉东北面的主峰，距蒙山县城25公里，是蒙山县的水源山之一。修于嘉庆十七年的《永安州志》记载道："天堂山在州西北五十里，岭祖冲在其侧，百里始至绝顶故名。上有炼丹仙迹，绝顶有桃数株，实大如柑，食之如蜜，若怀之下山即迷归路。"

1944年7月8日的早晨，艳阳初照，饶宗颐教授带着学生萧德浩、黄伟、黄水新等从县城出发往西过长寿桥，再朝北过北楼村、古排村，一个多小时后来到了"旱峡"。

"旱峡"又叫"新圩峡"，是北出蒙山的一道重要关隘。那天饶宗颐教授因匆匆赶路未能停步，这次出行心情愉快，便徒步细看。

只见峡上之字形的公路蜿蜒在数座山岗之间，约有4公里。得名"旱峡"是相对于蒙山城西与之并行的"水峡"而言的。"水峡"
是一条在唐代修建的通往桂林的官道，因官道沿河边修建，故名"水
峡"。由于官道上的桥梁常遭水毁，在清代便修了条隔山并行的旱
路，故名"旱峡"，民国时期当地政府将"旱峡"改成铺砂子的公路，
成为蒙山通往桂林的干道。

　　蒙山县处在大瑶山的东麓，气候受大瑶山的影响很大，民间俗
语中有"高一丈，不一样"，"阴阳坡、差得多"，"十里不同天"这些
关于蒙山气候特点的描述。饶宗颐教授从桂林来到蒙山不几天便体
会到了。他想不到这小城天气如此多变，早晨出门时还有清凉，但
来到"旱峡"，日渐中天，骄阳似火，师生们走得汗如雨下，饶宗颐
教授有诗《旱峡》记述：

　　　　　三月居桂林，十日九风雨。

　　　　　甚欲招旱魃，擎石将天补。

　　　　　间者来蒙山，白日潜沮洳。

　　　　　淙淙大壑瀥，朝夕似鸣鼓。

　　　　　不意斗大城，气象自淳古。

　　　　　陟险聊出郭，颇爱林岚旿。

　　　　　骄阳爌崇冈，旱意逼汗注。

　　　　　晴云锁梯石，名实诚相副。

　　　　　方知造物理，消息不易数。

　　　　　安得拂秋风，暂为起烟雾。

饶宗颐教授在诗中饶有兴致地描述了桂林常是雨天，距桂林仅一百多公里的蒙山却时常得见太阳的情景。他冒险出城途经旱峡，淙淙流水声如击鼓，骄阳似火穿过山林，云彩横亘于山石之间，水清，树荣，山峻，草盛，确实趣味无穷。

过了旱峡便到新圩镇，师生们在此吃过中午饭，往西过田陌，走村道，还需走3小时才到新圩镇与金秀瑶山忠良乡交界的金鸡隘，这是从东面进入大瑶山的隘口。当时的大瑶山，根据地域分别由相邻的周边各县所管辖，忠良乡曾为蒙山县所辖。师生们登上隘顶，只见层峦叠翠，满山松杉，毛竹青青；脚底下是峭壁深潭，飞流直下浪花翻滚。坐在路旁的青石板上，饶教授触景生情，赋诗一首《金鸡隘》：

我从旱峡来，礌磈苦充斥。

鸟道乱崩云，去天未咫尺。

坏堞视眈眈，势可吞梁益。

火日正欺人，忍令双脚赤。

喧豗有众滩，入耳森惨戚。

忆昔渡武水，金鸡若垒壁。

颇讶天地间，嵌此一顽石。

岂如兹山高，嶄险侔剑戟。

奈何委蛮荒，飞鸟且绝迹。

丈夫志万里，临此宁辟易。

好去攀悬崖，待将蓝缕辟。

金鸡隘山既高险，山峦直耸入云。虽然已经步行了几个小时，但饶宗颐教授并没有被吓退，反而更激发出诗人的豪情壮志，他以"丈夫志万里，临此宁辟易。好去攀悬崖，待将蓝缕辟"结尾，表明他奔志在四方，绝不会因

黄兆文先生据回忆绘成的《金鸡隘图》

为这峰峦而退避，而且讲出了不畏艰难险阻继续攀登凌绝顶的高情远志。

走下金鸡隘，便是忠良瑶族乡，这里山清水秀，茂林修竹，阡陌纵横，烟袅田野，村舍散落缀于忠良河两岸。这里民风淳朴，瑶胞热情好客。

在忠良乡的车田村，饶宗颐教授的国专学生凌超荣，也是瑶族人，会瑶语，但生活习惯上已经有些汉化了。当晚饶教授与同学们就住在凌超荣同学的家中，凌家以丰盛的晚宴接待饶教授一行。凌父还将其所知道瑶区的情况向饶教授一行做详细的介绍，并为他们找了一位经常去天堂山采药的瑶族同胞作向导。

饶宗颐教授当年的《瑶山纪游诗》手稿

凌家离天堂山不远，第二天一早，向导和凌超荣便带领着饶宗颐教授前往天堂山。

天堂山东西宽4公里，南北长5公里，海拔1579米，由于这里人迹罕至，基本还属于原始森林的地貌，山势到一定的高度，植被也有不同。山间气象万千，一时浓雾缭绕，不分东西，神秘莫测；一时风卷云飞，晴空万里，心旷神怡。山中常见悬泉瀑布，凌空直泻数十米，青松翠柏，高峡平湖，奇景美不胜收。天堂山的山林则有着千百年形成的茂盛植被，山林中古树横斜卧，青苔连树生，莽莽箭竹林，杜鹃青绿萃，蔚为壮观。师生经过几小时艰难攀登，终于登上山顶。俯瞰群山，只见近处松柏吐翠，远处白云奔涌缭绕，千山绵延，一时恍若仙境。饶宗颐教授想起《永安州志》上记载的动人传说，诗兴大发，有《天堂山》一首记之。

题记云：

甲申（1944年）七七后一日，天气晴朗，与诸生步入瑶山。历榛翳，穷岩险，崖断如臼，树密成帷。游衍二十里，遂造天堂之岭。爱其翘然特秀，峥嵘云表，而霾藏于深菁茆峒中，诗以彰之。泉石有灵，其许我为知己乎。

平生不作蚕丛游，忽凌崒兀无与俦。屏躯但恐天柱折，蔽空幸有枝撑幽。群山如马势难逼，一水泻为万丈湫。羊肠似索缚我足，十步不止九迟留。欲上阆风呼造父，惜哉穷谷无骅骝。哀蝉祗道行不得，山间盛夏已惊秋。行行渐喜天堂近，耶华仿佛在上头。（永安州志："山有大塘，相传岁时丰常闻古乐声。"）入山未觉仁者乐，瑶歌格磔已生忧。缠头板屋眼中见，（瑶妇多以白巾缠头，或以竹箬围其顶。）伯益道元所未收。敢嘲草木酬岩壑，蓬心恐贻山灵羞。

那时候饶宗颐教授年仅27岁，身体强健，腿力也很好，他的学生也都是些十八九岁未到弱冠之年的小伙们，朝气蓬勃。在山顶上师生一起放声高歌，从未爬过如此高山的饶宗颐教授非常喜欢这里独特的风貌，感叹如此美景藏在深山未能有更多的人领略。

26

师生们在山顶上稍做休息，吃了点早上带的干粮，正午刚过就下山了。四个小时后向导将师生们带到山脚下的岭祖村，便回车田村去了。

由于当时在岭祖村还设有管理附近几个村的乡公所，饶宗颐教授与学生们一起到岭祖村做社会调查。饶宗颐教授曾在嘉庆年间的《永安州志》看到对蒙州瑶族情况的记载："东平里瑶峒八村，龙定里瑶峒十六村，群峰里瑶四十六村（岭祖属群峰里）。……百姓居三，瑶壮居七矣。有梗瑶，居深峒之中，不完粮，不当役，妇人椎髻跣足，衣斑斓衣，居室缉茅，横板其上以栖息，下畜牛羊。叉手为礼，不识拜跪。……其良瑶但知畏田主，不知畏官长。不虑差役，终身不入城市。……瑶有剃头、长发、过山三种。剃头瑶赋而不役，长发瑶不赋不役，过山瑶迁徙无定。"饶教授心中好奇：一百多年前的记载，现状如何？经询问发现，当时的岭祖村主要居住着茶山瑶和盘瑶两大族系，全村分为若干个山寨，住得极为分散，最大的寨子也不到20户人家。于是饶教授他们走访了离岭祖乡公所最近的一个瑶寨。这里是茶山瑶，民风也较开化，其间他们遇到了一位带小孩的中年瑶妇，凌超荣上前去打招呼，说明来意。那位瑶民对大家说："叠饱映哪合酒。"饶教授好奇地问凌超荣："她说什么啊？"凌超荣说："她请我们进屋吃饭喝酒。"对于从未谋面的陌生人，瑶民表现出的热情与好客让人感动，仅一声邀请，便让来自外乡的饶教授感受到广西瑶民的分外淳朴和善良。

这个茶山瑶寨的瑶民以经营林业为主，在树苗未长大成林期间，也种玉米、木薯、薏米、高粱、茶叶、烟草等；也有瑶民将山坡开辟成梯田种上旱稻，他们平时就到深山野林里采集香菇、木耳、竹笋、草药，或打猎、捕鸟等，过着非常原始的农耕打猎生活。

当晚师生一行下榻在岭祖乡公所，有两位乡警和他们住在一起。晚饭后，师生们与乡警在乡公所里畅聊。那天是农历甲申年的五月十九日，随着夜幕的降临，一轮明月缓慢升起。大概月过中天时，畅谈的师生们突然发现田野山岗出现了星星点点的火把。乡警带着好奇的师生们来到离乡公所不远的三棵古樟树下观看，只见火把逐渐由少到多，而后又由多到少，多时似游龙迤逦，少时又如繁星点缀在山岗间，约两个小时后火把才渐渐消失，瑶寨恢复沉寂。乡警告诉大家说这是瑶民们点火把找"相好"过夜的风俗，如果没有"相好"，就说明这个女人没有人喜爱，所以每当夜黑下来时，男的就点火把，外出找"相好"了。学生们感到非常新奇，而博览群书的饶宗颐教授则认为，这种风俗其实是上古母系社会的遗风。

当晚饶宗颐教授写成《岭祖村夜宿》诗一首描述：

此身忽落瘴烟里，以豕为兄蚊为子。拟从林表探青冥，却怕门前聒黄耳。如梯稻垄与云齐，千山万壑鹧鸪啼。松滩咽处露微月，似道此间即穷发。身世飘飘何足嗟，猡獠相将亦是家，须倾人鲊瓮头酒，宛在胡孙愁上走。(原注：人鲊瓮在夔州。胡孙愁，亦峡中地名) 前度桃花开也无，(相传岭祖山上有桃树，实大如柑，味如蜜，见永安州志。) 攀藤我欲讯星斗。

28

饶教授诗言自己来到瑶寨留宿山间的特殊体验：瑶寨梯田种满水稻仿佛与云同高，山谷之间传来鹧鸪的鸣声。松间露出新月，虽有土人（瑶族世居民）相伴却也可称之为家。在茶山瑶的村寨里，饶教授观梯田、闻鹧鸪，期盼山头桃花再度绽放，其雅兴颇有古人的豁达风度。

自饶宗颐教授笔下"翘然特秀，峥嵘云表""身世飘飘何足嗟，猺獠相将亦是家"的诗句问世后，天堂山、岭祖村这样的奇山丽水，田园瑶家，后来渐渐为世人所知悉，如今这里已开发成人们向往的山野田园美景旅游目的地了。

就此，饶宗颐教授一行结束了第一次的大瑶山考察，回到了蒙山县城。他还是住在通文街"三民石印社"书店楼上，这时饶宗颐教授从报纸上了解湘桂战事，从衡阳城不断传来好消息，由方先觉将军所指挥的第十军英勇搏战，多次击退日军攻势。饶宗颐教授得知局势后心情也变得舒畅，在蒙山安心暂居下来。他每天的生活是很有规律的，早上起床后先是做一会体操，吃了早餐然后开始做学问，吃过晚饭后一般都要外出散散步。

一天晚饭过后，饶教授散步来到县城西面的长寿桥，看到几位官员模样的男子领着一位外国人从桥西头蒙山车站的方向走过桥来。官员中有一位近四十岁的男士，戴着眼镜，西装革履，温文尔雅，风度翩翩，他正说着一口流利的英语和外国人搭话。饶宗颐教授越看越觉得此人好生面熟，走到近处饶宗颐教授终于把此君认出："何觉兄，您什么时候来的蒙山?"一声何觉兄，让来人把饶宗颐教授也认了出来，双方即握手相拥，千言万语，尽在不言中……

原来何觉在桂林无锡国专当讲师不久就辞职了，后被蒙山中学校长孔宪铨聘到蒙山中学来任英语和国文的老师，何觉的活动能力很强，且平易近人，和学生的关系融洽。因他眼睛高度近视，除睡觉外都要戴眼镜，学生们还给他起了个雅号"何眼镜"。当时蒙山会英语的人不多，这次是县政府请他当翻译，让他到车站迎接从桂林来蒙山作抗日经济调查的战时同盟国际组织的一位美国官员。

何觉是1943年冬来到蒙山的，开始是租县城闹市十字街南面一位黎姓人家的房屋居住。这年的农历除夕他在门前写了副对联："书雪耻年虔献岁，少风波处便为家"，横批"春禧"。对联写出了逃难的人们希望国民政府早日驱逐日寇，还百姓以平安日子的心情。由于十字街身处闹市，人来人往，因此对联流传甚广，给蒙山百姓留下了深刻的印象。

何觉是饶宗颐教授在蒙山遇到的第一个无锡国专老同事，异乡遇故友，他们之间的感情与日俱增，这种患难中的友情维系了他们的一生。后来何觉也去了香港从事文化工作。在蒙山时曾有一段时间何觉干脆搬到"三民石印社"书店楼上，和饶教授住在一起共同探讨学问，饶教授还拿出了描写瑶山的诗稿与何觉一起论诗吟咏。何觉对饶教授深入瑶区做社会调查的治学精神十分佩服，说："我们粤人能深入瑶地作实地考察的有明代的邝露，他著有《赤雅》，您可是邝露第二啊!"

何觉是晚明北田五子之一的高士何不偕（名绛）先生的族孙，何不偕有《不去庐集》传世。何觉酷爱研读文学作品，总是随身携带《不去庐集》，且还精于收藏这一门学问，在桂林时他曾收藏有岭西词人王鹏运"四印斋制"的砚台一方，并在日后赠予了饶宗颐教授。饶教授十分感动并写有词一首——《鹊踏枝》：

鹊踏枝

蒙夫以四印斋制石墨匜见贶，倚此报之。

漫道家山春梦里。楚些歌残，埋恨深深地。旧时月色今憔悴。冷风吹梦翻成泪。

空有鸣蜩知此意。墨袖尘笺，寂寞千秋事。绮语空中传雁字。碧天愁影魂归未。

①鹜翁有《蜩知集》《袖墨集》，"家山春梦"里乃其枕上所得句。

两位滞留异乡的同乡好友，都希望能早日结束战乱，回到家乡。家中亲人可好？锦书难托，只好空中传雁字。

何觉来蒙山已经大半年，也结识了许多蒙山人，其中来往密切的有喜欢填词的蒙山中学校长孔宪铨，蒙山县临时参议会议长陈文奇，蒙山县参议员、蒙山中学总务主任李达池，蒙山县参议员、督学吕韵佳，乡绅钟文会等人，这些都是当时蒙山的知名人士，与饶宗颐先生重逢后，何觉都将这些人一一介绍给饶宗颐教授相识。

四、山城育桃李

旧游萦美梦

羁旅忆皋桥

——2002年饶宗颐为蒙山作联

1944年8月8日,衡阳城最终被日军攻陷。国民革命军陆军第十军以病惫之师在孤立无援的情况下坚持抗击近6倍数量于己的日军,血战整整47天,日军为此付出惨重的代价。

衡阳陷落,桂林的北大门洞开,日军的下一个目标就是桂林。8月初,桂林城防司令部严令滞留市内的民众于9月14日前疏散完毕。寇焰正炽的日军如狼似虎地向广西扑来,驻在桂林、柳州等城市的机关学校,文化名人等为求生存只能向周边偏僻的县城、乡村、山区做进一步的避难疏散。

8月中，广西大学教授赵文炳一家三口疏散到蒙山，在蒙山县城租屋居住。赵文炳曾任国民党立法委员，也是词学家和书法家。他还是于右任的高徒，于右任晚年的许多草书都曾由他代笔。

9月15日，梁羽生（原名陈文统）的堂兄陈文奇邀请自己在北京读今是高中时的老师，岭南大学教授简又文全家疏散到蒙山。简又文教授也是国民党立法委员，1926年曾任冯玉祥西北军政治部主任，这时与赵文炳教授同在冯玉祥处做政治工作。简又文教授一家到蒙山后先在蒙山县城附近的旧县村租一大屋居住，日军逼近蒙山后，迁到文圩乡屯治村陈文奇家。

9月中旬，无锡国专桂校代校长冯振，校董事、校务主任蒋庭曜（字石渠），率领滞留桂林的无锡国专员工四十多人，携带大批书籍和教学器材经阳朔、平乐，转到蒙山，并准备继续在蒙山上课，不让学生的学业因战火中断。

10月初，冯振代校长和蒋庭曜主任与蒙山东乡的钟文会等乡绅取得联系，并得到他们的大力支持，无锡国专顺利地在文尔村钟家大院复课。当年的旁听生，后成为著名历史学家、广西师范大学教授的钟文典回忆说："我们钟家在文尔村占地约有100多亩，这在当时的广西都难找到，共有五个炮楼，我父辈共有兄弟六人，每人都有一栋两层的青砖瓦楼，无锡国专搬来时有十多位教授，每位教授都给他们两房一厅的房屋居住。记得阎宗临教授和俞瑞征教授住在我家中，后来日军打到北面邻县荔浦，冯振校长和蒋石渠主任商量准备将学校迁到蒙山东南面的古苏冲或古朗寨搭山厂继续办学。我

33

曾带他们到这两处实地勘探，他们讨论后初定古苏冲，所以先是搬到距离古苏冲近些的大塘岑家，在那里也上课了一段时间，后来由于意见不统一，就一分为二，由冯振代校长带领一部分人去昭平，蒋石渠主任带领一部分人去了金秀。"

在钟家开课时冯振代校长有诗《蒙山开课示诸生》勉励学生：

播迁忽已七年余，又向蒙山强托居。
危难久更心转壮，苦甘可共意先舒。
力如未尽休安命，事尚能为早读书。
竖起脊梁坚定志，澄清大业看登车！

大批文化名人云集蒙山，使偏于一隅的蒙山文化盛极一时。此时在蒙山中学任教师的何觉先生灵机一动，抓住了这一时机，倡议在县城创办"黄花学院"。由蒙中校长孔宪铨、县临时参议会议长陈文奇、乡绅吕韵佳、钟文会、黄威等人为校董。"黄花学院"开设有文专三年制一个班，由高中毕业者报考，共50多人；文专五年制一个班，由初中毕业者报考，共30多人；附中班两个班，由高小毕业者报考，共100人，新生都是经考试录取的。文专三年制、五年制班在蒙山城北街，清末广西提督苏元春的故宅"武功书院"上课，学生每学期交稻谷200斤。附中班在县城"陈家祠堂"上课，学生每学期交稻谷100斤。简又文、饶宗颐、赵文炳、何觉、向培良、周培克、孔宪铨、李瘦芝、吕三民等饱学名士都义务担任教席。

蒙山这一小山城得以云集如此多的文化名人，是蒙山之幸，是蒙山学子之幸。黄花学院的老师们，在蒙山这一小城，把博大精深的文学知识传授，把国学文化的种子撒播，把中华文明的精髓传扬。

1944年9月下旬，"黄花学院"开始上课。10月1日是中秋节，饶宗颐教授在文尔村与无锡国专的师生们同欢。第二日回到县城，是夜简又文设宴邀请"黄花学院"的同仁，在他的住处作文酒之会，各人都吟诗作赋，相互唱酬，后编成《黄花集》，饶宗颐教授作有《黄花初唱序》记述：

> 脱叶答秋，凉飔警节，群山围坐，明月入楼。简子（即简又文）驭繁，置醴山馆，邀集黄花学院同人。锉新丰之鸡，调张披之鼓，缥瓷既倾，刻烛分韵，宴宴谈笑，销兵气于雕虫。绵绵胡绳，结佩以兰茝。俯临尺水，讵逊沧浪。卧对高丘，若吞云梦。池竹擅来而并景，山桂偃寒而宜人。当此之时，举东海以为怀，望北山而成咏。真所谓辞动情端，志交襟曲者矣。昔赵孟过郑，诵美有章，陈留聚宾，致星征象。今之嘉会，敢媲前徽。待扇黄菊之馨，共励青松之操。但怪西风多事，偏集南渡衣冠。冻雨无心，一洗新亭之涕泪。故使百灵奔赴，万感宴会胸次。摇五岳笔，阵扫千军。异京台之流涕，有虞韶之忘味，亦可尽吟喁之欢，而稍酬唱歇之嗜焉。若夫内忘，心夫夕

当年黄花学院五年制文专班学生李永仁保留下来的刻印《黄花初唱序》

惕，外取感于同声。逸兴与孤鸿竞高，奇思同秋云俱远。是则宣芬排于浩唱，足动文藻于江山。撼窈窕之深思，聊添州里之掌故，云尔。

民国三十三年十月凤凰山佣潮安饶宗颐序。

当年黄花学院五年制文专班学生李永仁先生曾对笔者说："我记得最清楚的是，饶宗颐教授教我们'文字学'。而他上我们的第一课

36

是'说文解字序'，讲得深入浅出，我从未听过这样有文墨的老师讲的课。那时简又文教英语，赵文炳教法学，何觉教诗学，孔宪铨教词学，李瘦芝教拼音字母。"

笔者的朋友马富初先生，当年考试时名列附中班第一名，因此获得了免学费的资格。他曾对笔者回忆说："饶宗颐教授上课讲普通话，也会讲广东话，我们很喜欢听，他讲解《说文解字》时，能把遥远的故事与汉字的形成演变结合起来讲解，十分动听。记得那时他向我们讲过一个瞎子'扣盘扪烛'的成语故事，比喻不经实践，认识片面，难以得到真知。"马富初老先生后来对笔者说："那时饶宗颐教授还教给我们许多有用的国学的东西（知识），使我终身受用。"

1944年10月5日早上，饶宗颐教授和赵文炳教授到文尔村看望在那里的国专师生，大家见面，喜忧参半，都在关心战事，但愿这偏僻的乡村能给师生们一个安宁的环境。可以说，兵荒马乱之中的无锡国专的办学模式相当于战乱时的西南联大。在战火纷飞的艰苦岁月里，无锡国专无论是老师，还是学生，都以极大的热忱克服一切困难，求知解惑，他们在民族危难的时刻所展现出来的浩然坚强并不比战场上的铮铮铁骨们差。饶、赵两位教授，经过两月来的交往，觉得彼此十分相投，这次他们都想到，倘若日寇再逼近蒙山，他们必须要在乡下再寻定一处疏散的去处。因简又文与陈文奇的师生关系，简又文也介绍了饶宗颐、赵文炳两位教授与自己的学生陈文奇相识。陈文奇曾留学法国，在镇南关（今友谊关）当过外交官，为人乐善好施，乐于助人，他便向饶、赵两位教授推荐了自己的亲戚——县参议员蒙山中学总务主任李达池。李达池对两位教授承诺道："若日寇逼近蒙山，你们就搬到我家龙头村去。"并热情地邀请饶、赵两位教授先到龙头村去看看。

那天午饭后，饶、赵两位教授便离开文尔村，他们没有走来时的老路回县城，而是信步由东向西而行，打算去龙头村看看。他们首先走到与文尔村交界的汶塘村，这是一个明代建起的古村落，因村中有一如镜般的大汶泉而取名，饶、赵两教授看过此奇观后，异口同声赞道："文如泉涌，不如取名文塘更妙。"

汶塘村经水秀村，乘船过独松渡，便到了西乡文圩的大车村，再过夏阳村，最后才来到龙头村李达池家，李达池招呼他们吃过晚饭，两位教授便在李家的更楼上过夜。饶宗颐教授有诗《中秋后五日，过文塘与赵文炳同宿李氏山楼》：

> 岂是寻常作客时，灯窗谈笑慰驱驰。
> 跨鞍食麦人愈健，带郭横山此一奇。
> 又见寒塘收好月，待将旧梦入新诗。
> 几年浪走空皮骨，不为迷阳始说疲。

山楼亦称更楼，呈四方形，古时用于打更报时和防匪、储物。龙头村李氏族人聚族而居，四周房屋成围与更楼相连，里面住着数十户李姓族人。更楼分南北两座，每座分三层，每座占地面积有三十多平方米，高十多米。

是夜，星星点点，一轮明月，投影在更楼前的水塘，水塘四周柳树低垂，登上三楼，透过月光可看见树梢上隐隐约约的一带远山，那山距离县城不远，好像紧贴着城郭一样，就如诗中所写"带郭横山此一奇"，堪称神奇。

就在这倒映着美丽月影的寒塘边的更楼上，饶宗颐教授与赵文炳教授越聊越投机，两人都感叹，颠沛的逃难途中，却能有投契的学问之友，实在称得上幸事。就这样，一灯如豆，两位教授叙谈到了深夜。

这段时间，日寇入侵邻县事时有传闻，10月16日传闻终被证实，日寇占领了南面距蒙山仅80公里的藤县太平镇，有从藤县进攻蒙山的企图，但蒙、藤两县的自卫团队联合出击将日寇击退。日寇虽被暂时击退，但县城里人们的心情始终被一种不安的情绪所笼罩，就在这样的氛围下，1944年的重阳节到来了。

在重阳节，蒙山人素有到县城东以梦山（今名玉梦山）登高的习惯。清嘉庆《永安州志》有载："以孟山〔以梦山〕，在州城东十二里，秀峰排列如屏，上多竹木，下有清潭，潭边石形如书九部，册页分明。"以梦峡谷由数十里的青山组成，有潺潺流水，景色宜人，每到此来，都使人幽梦顿生。所以也有人把它称为怡梦冲、玉梦冲，近年来为开发旅游也有称"天书峡谷"。

清晨，下了场大雨，不久放晴。无锡国专的师生以学生萧德浩为向导，在冯振代校长、蒋庭曜校务主任的率领下，师生三十多人，从十多里外的文尔村到以梦山来登高踏青。

冯振代校长有诗《朝后雨止约同人同学游怡梦冲二首》

其一

不信天公竟绝人，居然雨止物华新。

乱山浴罢翻增媚，野水生来已效颦。

曳杖倍添腰脚健，忘形更觉性情真。

兵戈丛里逢重九，能到桃源且避秦。

其二

绝壁倾崖相对开，清冷一涧个中回。

澄潭百尺欲见底，平石千人能作台。

曲曲奇峰争献技，斑斑古木半生苔。

寻幽便当登高去，日暮归来更举杯。

蒋庭曜主任亦有《甲申至蒙山重九游怡梦冲》一首：

避乱入山中，积痗不能吐。

望极智井大，耳目尽蔽锢。

拟从重九日，山野一驰驱。

凌晨忽滂沱，云迷千山路。

登临已无望，斗室守更苦。

谁谓须臾间，云开雨亦住。

约同二三子，芒鞋赤足去。

山光耀日彩，雨后盖增趣。

行行至冲口，大石莽回互。

中有银河水，两山夹之注。

湍急势复峻，尽力而奔赴。

或如龙唾沫，或如狮吼怒。

曲折更前往，幽境妙难谕。

层峰千指掌，浮云一沮洳。

石笋倒插地，松鼠乱翻树。

绝壁仙蛤蟆，飞弹不得仆。

马神迹斑斑，昔年谁此驻。

陡绝百步梯，机桄难置步。

前行及我顶，后来失相顾。

攀跻汗浃背，魂魄不我附。

清绝澄潭下，往来鱼可数。

峭壁立千丈，大石兀平布。

盘纤几十级，可坐千人酺。

野鸟偏媚人，故匿林间呼。

一竿倘垂钓，恬适净尘虑。

焉用黄梁熟，万事此醒寤。

即今戎马遍，乐土在何处。

妻孥隔音信，茱萸将安付。

我生且欢娱，切莫长犹豫。

归来兴未阑，大雨复滂沱。

信知天公美，良辰不我误。

卧听檐漏声，犹似冲间渡。

　　诗中提到了以梦冲口的飞瀑、巨石上马蹄印、澄潭（清潭）等都是以梦山的景色，以梦山中岩石峭立，奇石千奇百怪，攀爬百步梯已让人汗流浃背，气喘吁吁。碧水淙淙，景色秀美，微风习习，流水潺潺伴着声声鸟语，构成了一条充满诗情画意的长廊。阵阵袭来的芬芳使你不由得驻足细细品味。明澈见底、纤尘不染的澄潭（清潭）中，鱼儿愉快地游动，红、绿、白各色卵石在水中闪亮。阳光透过林隙在水面洒落斑驳的影子，给人一种大自然安谧静美的享受，格调清丽，富有诗情画意。以梦山的自然景色，令人赞叹叫绝。

　　1944年10月25日重阳节这天，饶宗颐教授是在县城度过的，当晚蒙山县参议会邀请了他和简又文、赵文炳等滞留蒙山的黄花学院教授们到县参议会赴宴。饶教授有《九日杂诗》记之：

其一

中酒枯肠亦吐芒，高秋坐惜去堂堂。

江山不负劳人意，又放颓阳到野塘。

其二

菊带霜威护短离，危城清酾敌凄其。

山河表里如襟带，谁信投荒某在斯。

其三

碧涧中藏万觥愁，浮云偏滞古蒙州。

亦知竹叶非无分，难得山翁折简流。

斜阳西下，秋菊正黄，敌寇的铁蹄鸣镝逼近。此时的国民政府，不善利用广西山河萦绕、形胜险阻的地形来抵抗敌人，只实行所谓"焦土抗战，坚壁清野"政策，使得部队节节败退。饶宗颐教授对此做法十分不满，感叹自己在山河屏障之下仍需逃难，犹如浮云一般漂浮不定，但对于蒙山人民能在相当一段时间内庇护自己，他怀有真挚的感激之情。

1944年10月26日，重阳节后的第二天，黄花学院的师生二十多人共游玉梦冲，文专班的学生李永仁回忆说："那天饶宗颐教授也去了，我们游到了光明顶，后来在霹雳庙里搞野炊，席间老师们都在分析时下的桂柳会战的情况，他们认为日军南下进攻蒙山的可能性不大，因为没有什么战略价值。"

傍晚，饶宗颐教授等回到县城，几声闷雷响过，天空中下起了淅沥沥的秋雨，雨滴落在窗台上发出滴答滴答的响声。秋风秋雨愁煞人，饶宗颐教授难以入眠，对远方亲人的想念在秋声中更为深刻，于是他用诗把这种心情记录下来，《九日杂诗》后再加两首：

其四

峡里轻雷晚自哀，干戈忧患镇相催。

人间未废登高例，且插茱萸归去来。

其五

茧足犹能却曲吟，万山何处白云深。

莫愁九日多风雨，记取壶冰一片心。

在风雨飘摇的重阳节，饶宗颐教授心怀国家，忧心战乱，思念亲人，在满怀家国身世之感的同时，他还是劝勉自己保持淡泊的冰心。战火持续扩大，1944年11月4日，距蒙山仅40公里的荔浦县也被日寇侵占了。闻讯后居住蒙山县城的人都纷纷向周边乡村和山区疏散，饶宗颐教授和国专学生贾辅民，以及赵文炳教授一家三口，赶忙随李达池先生疏散去西乡文圩龙头村。

秋风萧瑟，走过长寿桥，饶教授望着往南流去的湄江水，一番感慨在心头，他回首东望，依依不舍地离开居住了四个多月的蒙山县城。长寿桥也成为饶宗颐教授羁旅广西历程中难忘的一抹记忆。在蒙山，他接触到了很多淳朴善良的人民，结交了很多以诚相待的友人。这份关于蒙山的特殊回忆，已化为他对大桥一份深深的情结。

2002年饶宗颐教授曾为蒙山作联：

旧游萦美梦

羁旅忆皋桥

上联右题："曩岁自桂林奔蒙山寄居龙头村梁伯鸾寓皋伯通赁春

之处庾子山赋诏皋桥羁旅者也。"

饶教授的入室弟子，香港天地图书公司的总编辑孙立川先生解析说："蒙山县政府请饶公撰联，情意恳切，饶公欣然命笔，饶公用的典乃庾信《哀江南赋》中的'下亭漂泊，高桥羁旅'。高桥亦作'皋桥'，在今江苏吴县，后汉时吴郡豪族皋伯通住其旁而得名。后汉名士梁鸿（字伯鸾），夫妇同至吴，居伯通庑下，为人赁春，留下了'举案齐眉'的典故。饶公以梁鸿隐居皋伯通家，比喻自己避难于蒙山城和龙头村李家，真是妙喻，用心之深，吾等后学只能望文生义，知其一而不知其二也。"这副联表达了饶宗颐教授忆起当年羁旅之时，与蒙山人民同甘苦、共患难的深挚感情。

烽火文心，弦歌不辍。饶宗颐教授及避难蒙山的文人们，在战火连天、颠沛流离的情况下，仍不忘忧国，在蒙山创办黄花学院，教书育人。时间虽仅几月，但意义重大，为蒙山留下了宝贵的精神文化财富，在蒙山教育史上写下了厚重的一页，蒙山人民永远都不会忘记他们。

五、避兵龙头村

我归少住龙头村，劳生久已杂鸡豚。

相逢当为置醇酗，霞佩颉颃古所敦。

——饶宗颐《金秀村迟蒋毅庵不至》

龙头村是蒙山西乡文圩镇下辖的一个自然村，因有山岗龙脉从东北方向隐隐而来，至该村中突然隆起，形似龙头故而得名。龙头村又分上龙头村和下龙头村，两村相距仅百多米，村中居住的多为清朝乾隆年间从广东恩平迁来的李姓人，人称"龙头李"，过去筑有龙头寨自卫。该村距文圩镇仅两里地，而距蒙山县城则有二十多里。饶宗颐教授一行从县城出发经黄桥、石板、秀才桥、佛子等数个村庄，走了两个多小时方才到达。

饶宗颐教授在阅览光绪版的《永安州志》时，发现龙头村的李姓族人中，有一位名叫李盛春（字晓山）的人在光绪十四年（1888年）乡试曾中戊子科举人，但并没有外出做官的记录，这让饶教授甚为不解。来到龙头村他又想起这个疑惑，于是向李达池询问其中缘由。李达池听后笑道："饶教授，李盛春正是我的祖父，先祖生于1856年，他从小便虚心好学，刻苦用功，熟读四书五经，成年后尤以诗文见长，独成一家。中举人时年三十二岁，正值而立之年，本应有一番作为，但当时清朝已日薄西山，朝廷腐败，卖官鬻爵行贿之风盛行。先祖取得功名后也曾在梧州府衙做过短时间的院判，有一次他审理一宗民案，一审他判定原告胜诉，而被告则买通了二审的判官，最终被告胜诉。先祖忧愤，感叹官场浑浊黑暗，便辞官回家，致力于子孙教育、勤耕苦读上。到我们孙辈这代，家中是十三兄弟，分布于各行各业，各有所长。先祖曾于光绪年间为县城蒙山文笔宝塔题过一联，联曰：'创业艰难祖宗备尝辛苦，守成不易子孙宜戒奢华。'在蒙山广为流传，故便有了'龙头李'这一盛名了。"

饶宗颐教授听后，对李家尊文重教、勤俭持家的传统家风十分赞赏，他也想利用自己的学识为村中因战乱未能上学的李家子弟补一补课。

李达池的家在下龙头村，这里有一座前后三进，占地四百多平方米的李家祠堂，为李盛春及族人共建，因内有联"培植人才诗书执礼，善承祖德孝弟力田"，于是取联头二字培善，称"培善堂"。培善堂除厅堂外还有数间平时用来放东西，没人居住的空置房间。这时从广东沦陷区转移过来的陈一吾、黄柏荣等二十多人也来投亲

47

靠友到龙头村避难，他们中很多人就住在宗祠的空置闲屋里。饶教授与学生贾辅民则住在距李氏家祠约五十米处李达池家三层高的更楼上。

饶宗颐教授在龙头村前后居住了八个月，这是他生平从未经历过的真正的农村生活。给他留下最深印象的是村前院后，农家饲养的那些怡然自得的农家动物。清晨天将亮未亮，便已听到鸡在村头报晓，阡陌往来，只见牛在田边悠闲地吃草，鹅、鸭在池塘里缓缓地凫水，放养的小猪仔摇晃着屁股后面那根弯曲的小尾巴，用长长的小嘴拱食，而各户人家养的家犬，最喜欢与那些猫追逐嬉戏，所到之处都是热闹非凡，这一幅幅充满了农家生气的画面，让到此躲避战乱的饶教授印象非常深刻。

这样饶宗颐教授便在龙头村安顿下来，有与自己年龄相近的学生贾辅民为伴相互关照，生活暂时安稳。秋夜降临，远处传来的几声犬吠，打消了饶教授的睡意，他与学生贾辅民灯下相语，两人都想起了远在千里之外的家乡亲友。在这段时间饶宗颐教授作了多首寄远感怀，思念故乡和亲友的诗篇。

示贾生辅民时避兵龙头村

同是无家客，解缬意独愠。

风昏万象默，地仄百房屯。

灯下呻吟语，炉边犊鼻裈。

交亲料此日，剪纸与招魂。

诗云：我与贾生同是流离的客行人，今夜天风昏浊万物静默，只听到我俩在灯下嗟叹之声，亲戚旧友如果知道我等今日如此，或要剪纸作幡为我等招魂。

梦归

频年惟梦以为归，梦绕故山日几围。

鹊噪妻孥惊我在，鸿飞城郭觉今非。

天留世弃同无妄，海立山颓岂式微。

剩有茫茫游子意，八千里外念庭闱。

逃难异乡时，饶宗颐教授与亲人分隔两地，思亲心切的他常常在梦里回到家乡见到亲人。在故乡的梦里，饶教授只见夫人抱着可爱的女儿出门来迎接，但梦醒后他又陷入茫然和哀愁中。雁过城头使他惊醒，饶教授感到庆幸的是亲人在家中，不用同自己一样过着颠沛流离的生活。

寒蛩夜啼，秋风秋雨愁煞人，归途渺茫，饶宗颐教授作有《雨夜》一诗：

此身牢落瘴云西，行处无端又野蹊。

坐对青山羞觍觍，起烧红烛与提携。

荒村断雁风初厉，急浪寒蛩夜欲啼。

那可久留秋雨恶，思归只怕路成泥。

诗表面上是写了归乡的路途艰险难行，实际上更多的是表达对日本侵略者的愤恨！

虽身在异乡为异客，前途未卜，但饶教授也心怀家乡，担心家乡安危，便向故乡诗坛前辈石维岩寄诗问询。

寄慵石丈

先生日日务醍醐，万古诗名属酒徒。

道远常难数字至，春生得见一阳无。

凿坏抱瓮今何世，野柝邻鸡晓自呼。

甚欲因公问消息，故乡恐见鬼盈车。

当饶教授听说好友李洸*患重病的消息，十分忧心，但因为自己困居蒙山，无法得知详情，唯有举历史上苏东坡被误传死讯的典故来排解自己，宽慰友人。

闻履庵病亟

掉首炉峰又二秋，挂瓢还作桂林游。

---

* 李洸，字履庵，号吹万，以字行，斋号荆园、吹万楼。广东中山小榄人，毕业于广东高等师范学校，后任中山县第三区中学，即小榄中学校长。

　　我来君去何仓卒，乐尽悲生易白头。

　　南海衣冠劳窭寠，他乡雨雪动离忧。

　　何来虚妄东坡耗，岂有生才似此休。

　　与饶教授一同流离到蒙山创办黄花学院，又同城讲学，友情甚笃的何觉先生，此时亦随群众疏散到蒙山东北方向的长坪山区，相隔几十里，不能像在县城时那样经常在一起谈古论今了，饶教授也只能写诗与"何眼镜"开点玩笑。同为学者，彼此都因战乱隐居山中，只能以诗与之述怀，这也是饶教授能自我排遣的极限了。

何蒙夫乱离中守其先德《不去庐集》未尝去手，投之以诗

　　余生悬虎口，尽室寄龙头。

　　万户多荆杞，孤村有戍楼。

　　未忘款段马，早作济川舟。

　　二柄终妨汝，因风思旧丘。

　　邻鸟［乌］同止止，夏屋尚渠渠。

　　节概须眉里，文章忧患余。

　　可堪闻战伐，且复侣樵渔。

　　未老山中客，惟应赋卜居。

　　饶宗颐教授未满20岁时，就被聘为中山大学广东通志馆专任纂

51

修，从而成为这支纂修队伍中年纪最轻的一员。负责此项工作的是当时在岭南大学任教授的冼玉清（1895—1965，画家，著名文献学家，杰出诗人，岭南第一位女博学家）。冼玉清作为学术的先行者，饶教授与她亦师亦友，常有联系。

这时冼玉清也因躲避战乱随岭南大学避难在广东西北部的连州，连州城东北燕喜山上有座始建于唐代贞元年间的燕喜亭，因大文学家韩愈被贬到连州所属的阳山县当县令时到此游玩留下了名篇《燕喜亭记》而闻名于世。在连州的冼玉清给饶教授寄来了信札并附诗，表达了对饶教授的关心和想念：

卖痴声不到山村，祈谷人家笑语喧。

我自无聊闲读赋，螟蛄鸣处忆王孙。

收到后，饶教授亦作诗一首：

冼玉清自连州燕喜亭贻书及诗，予避兵西奔，仓皇中赋报

千秋燕喜亭，寂寞今无主。

玉想琼思处，江山伴凄苦。

地似皋桥僻，怀哉暂羁旅。

出郭濑浅浅，入门风虎虎。

攀桂聊淹留，万方惊窘步。

遗我尺素书，未曾及酸楚。

日月苦缠迫，春愁种何许。

山中听蟋蛄，吟篇应无数。

十年拓诗境，瀄洞复几度。

且试写古抱，宁复怨修阻。

休谱厄屯歌，哀时泪如雨。

"龙头李"先祖在村东南五里的龙动岭，曾置有九冲十八脊的岭地，遍种松木和杂树，而李家人生火做饭、烤火的燃料木柴和木炭大都从那里运回。一次饶教授和乡亲们一起过村涉水去龙动岭打柴，劳作之余有《遣怀》一首记述：

贷得青山樵爨缺，去来赤脚水云间。

凿垣聊可追王霸，作赋何曾让小山。

隔县贼尘惊睒目，绪风晓角下茅菅。

千忧缠绕还成笑，剩觉题诗力未孱。

龙头村虽然暂时平静，但日寇的铁蹄已经到了邻县荔浦，随时可能南下蒙山。秋风萧瑟，忧虑虽多，赋诗却能排解。

饶宗颐教授在龙头村做了一件益及龙头村后人，影响深远甚至可以说惠及后来香港文坛的事——他在龙头村的"培善堂"办了一间"私塾"。

饶宗颐教授在《文化艺术之旅》一书中曾谈及当年在龙头村的

53

办学情况:"来到桂林的第二年,日军猛攻桂林,无锡国专的近百名师生及家属由桂林南迁蒙山……在文尔村钟文典家里继续开学上课。之前我已判断日军将攻陷桂林,因而已先行离桂林到蒙山。从桂林逃难到蒙山的有简又文、赵文炳、何觉等,先在蒙山县开设'黄花学院'。后我又在'李家祠堂'教一些学生,也有一些无锡国专学生追随我,在当地边听课,其实也可以说是学生边带着我不断逃难吧。当时,有一位青年学生陈文统,是简又文朋友的家人,他拜我为师学制诗填词。陈文统就是后来著名的香港武侠小说家梁羽生,他与池田先生曾对话的金庸先生原都为《大公报》同事,后来先后写作武侠小说,成为名作家。"

这位简又文的朋友,就是简又文的学生陈文奇,因赵文炳和简又文曾一同在西北军冯玉祥部做过政治工作,所以陈文奇便介绍赵文炳教授一家到龙头村他堂妹夫李达毅的家中避难,巧的是李达毅与李达池是堂兄弟,同是李盛春的孙子。

李达毅的妻子叫陈文汉,陈文统(梁羽生)就是她的亲弟弟。陈文汉曾对笔者说过当年情况:"饶宗颐教授当年还很年轻,不到三十岁,不知为什么他总是喜欢在嘴唇上方留一撮方块胡须,他经常到我家来和赵文炳教授聊天。我父亲陈品瑞(字信玉)是旧时平乐府中学毕业的,因我的继母李郁芳也是龙头村人,所以我父亲也常到龙头村来和饶、赵两位教授聊天。我弟弟陈文统那时已经在桂林读高中毕业,因躲日本鬼子回到屯治村,也常到我这里来,因缘

际会之下，他便和饶
教授和赵教授相识了，
我弟弟还跟饶教授读
过书。"

孙立川先生是香
港天地图书公司的总
编辑，梁羽生在天地
图书公司出版的很多
本书都是由他所编。
他虽是战后出生的人，
亦是饶宗颐教授的入
室弟子，因工作上的
关系，梁羽生先生生
前每次从澳洲回香港，
大都由他陪同。他们
每当谈到当年饶教授

饶教授当年在龙头村教过的部分学生于2004年合影
（自左至右：李壮荣、李棣荣、李联荣、李康荣）

在龙头村开设"私塾"的情况时，梁羽生都心存感激。梁羽生曾向
孙立川先生说过他父亲陈信玉曾对饶宗颐教授在龙头村办"私塾"
有过经济上的支持，"私塾"里的学生有近二十人。

李联荣当年得到饶宗颐教授的教导，后来选择从事教师职业。
他说："我那时已经高小毕业，饶老师住在我家，他在祠堂教我们念
书，教我们的课本叫《说文解字》，也教过我们易经学的知识，教我

们卜卦。他还讲过很多历史故事给我们听，我记得最清楚的是岳飞精忠报国的故事。"

李康荣说"我那时年纪小些，我记得饶老师教过我猜字谜，我们大家都喜欢他，我母亲还请他到我家吃过蒙山的特色农家菜'瓜花酿'。"

兵荒马乱寄住在龙头村的日子，饶宗颐教授一直难以忘怀，笔者有幸于2009年在香港见到他老人家，回忆起这段往事他还手书了《瑶山集》里《金秀村迟蒋毅庵不至》一诗中的结尾句"我归且*住龙头村，劳生久已杂鸡豚。相逢当为置纯醴，霞佩颉颃古所敦"赠予笔者，并嘱咐笔者回蒙山后一定要代他向龙头村李氏家人问好。

---

* 《瑶山集》原文，"且"为"少"；"纯醴"为"醇酬"。

六、授艺梁羽生

野旷春寒扉昼闭，山深夏木亲手栽。

厚地高天存正气，百渗千劫思人才。

——饶宗颐《寄题牛矢山房课子图为简又文》

文圩镇位于蒙山的中西部，古称龙定里，四周群山环抱，自东南向西有海拔近千米的大道岭和龙动顶、六樟山、六排山、黄牛山等大山包围，形成西南高，东北低，中间为盆地的地理环境。镇中有建于清代乾隆年间的文圩风雨桥，横亘在由西南向东北贯流的文圩河上，成为该镇的标志性建筑，饶宗颐教授为蒙山的题联便镶刻在桥的东面。

文圩河两岸点缀着数十个村庄，方圆百多平方公里的文圩盆地农田阡陌纵横，以盛产稻谷水果出名，有蒙山粮仓之称。文圩人杰地灵，民风淳朴，仗义尚武。抗战后期领统蒙山、修仁、荔浦三县的抗日民团少将司令官陆超就是文圩大明村人。

一天早上饶宗颐教授散步来到文圩桥上，万千思绪涌上心头，作诗《文墟早起》一首描述：

支颐万念集萧晨，独立危桥数过人。
一水将愁供浩荡，群山历劫自嶙峋。
平时亲友谁相问，故国归期倘及春。
生理懒从詹尹卜，荒村只是走跋跋。

饶宗颐、赵文炳教授一行避难文圩龙头村的时候，另一位在历史学界鼎鼎有名的人物也在文圩的屯治村，他就是简又文教授。简又文教授当时也是举家避难到学生陈文奇的家中。

此时的陈家分三房聚族而居，大房品全，二房品修都已故，只有三房的陈品瑞健在，是陈氏族中举足轻重的人物，陈品瑞就是梁羽生的父亲。

屯治村距龙头村虽有七八里地，但对于饶宗颐教授与赵文炳教授来说，多远距离也阻挡不了他们去看望老友简又文教授。去拜访简又文时，饶宗颐教授有时也住在屯治村陈家，因为这里也有国专的一位学生叫陈介忠，陈介忠辈分上是梁羽生的侄儿，但年龄比梁羽生还要大三岁。陈介忠酷爱绘画，饶教授也曾向他传授绘画技法，教他临摹。山水花鸟，尤其是画人像素描，在饶教授的指点下，陈介忠的画艺有了显著的提高，这使他终身受益。新中国成立后他成了一位人民教师，但"文革"时被错打成右派，下放回原籍劳动。由于陈介忠体弱多病无法承担繁重的体力活，他正是靠这一手给人画像的技艺维持了生计。

饶宗颐教授与简又文教授在蒙山相见之前就已经交情甚笃。简又文教授生于1896年，早年留学美国，是我国著名的历史学家和作家。简又文教授在北京今是高中当校长时，梁羽生的堂兄陈文奇就是他的门生。简又文深得孙科赏识，孙科后推荐他出任西北军政治工作委员，西北军改组为国民革命军第二集团军之后，简又文任总司令部外交处处长、前敌政治部主任，其后又受国民政府委任为山东盐运使、广州市社会局局长等职。1932年孙科就任国民党立法院长，简又文于1933年被任命为立法委员。简又文曾在上海等地创办《人间世》《逸经》等刊物，抗战爆发后在香港以"抗战到底"为宗旨，创办《大风》旬刊，是一位久经风浪，人生阅历丰富的非凡人物。

在蒙山时的简又文留着一脸的大胡须，因为他酷爱研究太平天国史，广西省政府主席黄旭初还以省政府的名义专门聘请他为广西省政府顾问，专门收集整理太平天国史料。简又文于1942年10月曾偕同罗尔纲先生等一起到太平军起义之地金田、江口考察，后又到太平军封王之地蒙山，南王冯云山牺牲之地全州等地采访，时间长达一年多。此时的简又文正在学生陈文奇家中撰写《太平军广西首义史》一书。

饶宗颐教授十分钦佩简又文的为人与学问，曾作诗《乱定晤简又文有赠》：

笑公须眉如猬戟，岭南人似关西客。

喜公健啖每兼人，一杯直买三千春。

昔岁转游涉陇汉，文渊谼达世共叹。

蝎临东海管盐田，归向南藩弄柔翰。

且借扶摇九万里，集手冀把狂澜挽。（主办大风月刊）

平生洪杨最低头，轻抛心力廿五秋。

几年仆仆金田道，归来却卧永安州。

妻孥拥被空山里，往日芦漪人老矣。

独把丹心映白云，时遣长须致双鲤。

我来忽在天一方，端居共赏黄花黄。

山河砥柱须公等，相看且莫涕零浪。

陈品瑞是个儒者，一生笃信孔孟，对中医学也有研究。他更是个眼光独到的人，要儿子拜简又文为师学习历史。他与饶宗颐教授的多次接触发现，饶宗颐教授不但对历史、地理、敦煌学、四裔学、民俗学、佛学、对联等都深有研究，而且诗、词方面的造诣则更高，特别是饶宗颐教授在1939年到1941年这两年间，协助叶恭绰先生编写《全清词钞》时，有幸接触阅读到这位著名收藏家收藏的各种善本，从而进入到词学研究的最前沿。

陈品瑞想到了自己儿子的另一兴趣——自小对于诗词、对联和棋艺的痴迷。知子莫如父，在诗词棋联这方面的知识水平，梁羽生已在父亲之上了。在通过简又文教授接触到饶宗颐教授时，陈品瑞想到，名师不就在眼前吗？于是，除开下午向简又文学习外，每天早上陈品瑞都要梁羽生走上七八里路去龙头村听饶宗颐教授讲课。

梁羽生曾向笔者说过当时的情况："饶公在李氏家祠所教的学生主要是李家一些高小毕业生，而我当时已经高中毕业，我父亲则要求我每天早上从屯治走到龙头村听饶公的课，目的就是要我多与饶公接触交流。这段时期饶公指导我填词制诗，使我受益颇多。课余我们谈古论今，饶公那灵性勃发才思奔涌的名士才子气质深深感染了我，饶公于天文地理、文学艺术、琴棋书画样样皆精，这些对我日后创作武侠小说帮助很大，也从中吸纳了这些方面的许多元素。"

众所周知，梁羽生武侠小说的特色是"寓诗词歌赋于刀光剑影之中"，充分发挥了中国五千年传统文化的魅力。当我们品读到这些情趣典雅、优美动人的故事时，不由得感叹，如此绝妙文笔，真要感谢饶宗颐教授在这兵马艰虞之日与梁羽生难得的师生情缘。

三个多月后，蒙山县城沦陷，他们的课堂只好搬到屯治村以南数里之外的六排山上，简又文居住于一邓姓农户堆牛屎的砖屋中，此屋被他戏称为"牛矢山房"。野旷春寒中，梁羽生既是学生又是警卫，每天都持枪保卫着简又文教授一家。简教授则以英语口授子女们文天祥的《正气歌》、于谦的《石灰吟》、岳飞的《满江红》等。抗战胜利后，简又文回到广州，专门请画家叶因泉画了幅《牛矢山房课子图》，并请饶宗颐教授给画题诗，诗文如下：

寄题牛矢山房课子图为简又文

乱峰合沓号六排，妖氛未豁此低回。

千里连山利御寇，一村断发辟蒿莱。

虎尾何堪青草瘴，牛矢竟似黄金台。

未能滋兰启九畹，直须辟谷消百灾。

野人曝背献芹子，田夫泥醉卧苍苔。

说与儿曹添至乐，莫因患离妄生哀。

破舸聊以供占毕，长歌还要起虺隤。

冥冥寂观尽寥廓，区区藜藿足生涯。

野旷春寒扉昼闭，山深夏木亲手栽。

厚地高天存正气，百渗千劫思人才。

曾闻牛骥同一皂，却看身世真齐谐。

同君避地甘茶惯，为君题句心颜开。

寄诗喜见晴云霁，相思独卧空山隈。

图成示我不辞远，会当一饮三百杯。

　　蒙山县城沦陷四个多月后，日本宣布无条件投降。九月，梁羽生与简又文教授一起南下广州，准备投考岭南大学。这年的秋天，梁羽生在岭南大学康乐园里写了一首词，寄给还在广西北流山围无锡国专广西分校任教的饶宗颐教授，名为《调寄一尊红》：

梦深幽。渡关山千里，寻觅旧时游。树老荒塘，苔深苇曲，曾记心事悠悠。只而今，飞鸿渐杳，算华年又过几清秋？珠海潮生，云山翠拥，尽恁凝眸。

回首殊乡作侣，几同消残漏，共读西楼。班固书成，相如赋就，闲招吟鹭盟鸥。问长卿归来何日，向龙山醉与白云浮。正是菊芳兰秀，天涯何苦淹留？

1946年春，饶宗颐教授回到广州，任广东文理学院教授。简又文教授则辞去立法委员之职位，被聘为广东省政府顾问，全力筹建广东文献馆，其间饶宗颐教授曾担任文献馆的秘书。时年7月饶宗颐教授被聘请为潮州修志委员会副主任委员兼总纂，9月简又文正式出任广东省文献委员会主任委员兼文献馆主任。

1949年时简又文教授、饶宗颐教授和梁羽生三人分别移居香港，他们三人分别在香港乃至海外的文学、历史、学术、艺术诸多领域内取得了举世瞩目的成就，尤以饶宗颐教授的成就为最，可谓是著作等身、有口皆碑。

1954年2月20日，梁羽生用新文艺笔法所写的第一部武侠小说《龙虎斗京华》面世，从此武侠小说有了新旧之分，有人说他为中国新式武侠小说提供了一个坐标。然而饶宗颐教授对梁羽生写武侠小

63

说则有一些不同的想法，饶教授多次表示过惋惜，他认为梁羽生的文学功底深厚，文史知识渊博，如搞学术研究一定会有成就的，但他亦不反对梁羽生走武侠创作这条路。豁达的饶教授认为武侠小说既娱众亦可载道，所以他也多次鼓励梁羽生沿着自己开辟的这条路继续走下去。

1957年11月，简又文教授的巨著《太平天国典制通考》付梓刊行，饶宗颐教授为之作序。

1978年简又文教授在香港逝世，享年82岁。

2005年，蒙山县兴建梁羽生公园，饶宗颐教授被蒙山县人民政府聘请为园内"梁羽生书苑"顾问，并为之题写苑名。2006年冬，香港九大院校为饶宗颐教授九十华诞举行祝寿宴会，已经定居澳洲

2006年冬，梁羽生（左3）出席香港九大院校为饶宗颐教授举行的九十大寿祝寿宴会时与饶宗颐教授（左1）亲切交谈。

多年的梁羽生专门回港出席，梁羽生先生一生都为能成为饶宗颐教授的学生而感到自豪。

2009年1月22日，梁羽生病逝于悉尼，饶宗颐教授十分悲痛地写下了挽联：

昔岁曾及门　难忘兵马艰虞日

遗编久惊世　能铸雕龙窈窕辞

2009年，饶教授在香港接见笔者和覃才亮先生。

七、连月失名城

哀哉新丰几折臂，宁以三军为儿戏。

霸业雄图今奚似，滔滔桂水流民泪。

——饶宗颐《哀柳州》

　　1944年，日寇为打通由北到南通往越南的大陆交通线，发动了豫湘桂战役。5月，日军占河南，6月，又相继占领长沙、衡阳，兵临广西。蒋介石即命令第四战区司令长官张发奎部署桂柳防御，"死守"桂林、柳州，并派白崇禧回广西指导作战。1944年8月，在白崇禧指导下第四战区部署"桂柳会战"。9月上旬日寇开始全面入侵广西，9月13日由于国民党第93军军长陈牧农未经抵抗便放弃桂北重镇全州，致使全州沦陷，桂北门户洞开。9月22日在广东的日军溯西江而上攻占了梧州，然后西进与从雷州半岛登陆的日军汇合后，

66

于 10 月 12 日占领广西桂平。

1944 年 11 月，两万多桂军地方部队及广西民团在无坦克飞机并缺乏火炮重兵器支援的苦境之下英勇抗敌，以血肉之躯顽强抗击五倍于己的日军。凶残的日军发动毒气战，七星岩"八百壮士"壮烈殉国，陆军 131 师师长阚维雍举枪自戕以身殉职，在桂林沦陷后的突围战斗中，桂林城防司令部参谋长陈济桓、陆军第 31 军参谋长吕旃蒙均壮烈牺牲。同壮烈殉国的三位将军一样，参加桂林保卫战的中下层军官和广大士兵，克尽守土御敌之责，战至城破而无一人投降，但敌众我寡兵粮不足，桂林于 11 月 11 日全部沦陷。日寇旋即向柳州推进，驻守柳州的中国陆军 62 军放弃柳州市区，11 月 11 日，日军占领柳州。随后日寇气焰嚣张，一路沿邕宾公路追击国民党部队，于 11 月 24 日占领南宁仅历时一个月，广西几个主要城市接连丢失沦于敌手。

张发奎率驻柳州的第四战区长官部从河池宜山一直逃到贵州六寨，白崇禧则乘飞机飞回重庆。临阵逃脱的桂军第十六集团军副总司令、桂林防守司令韦云淞和那些处心积虑保存自己实力的地方军阀，与坚决抗战、血洒叠彩的英雄将士形成了鲜明的对比。在钦佩抗战英雄的同时，广大人民鄙视抗战不力、节节败退的懦夫，当时有一副流传甚广的讽刺长联是这样写的：

桂省府数度迁移，宜山不宜，都安不安，百色百变，从此凌云直上，乐业安居；

四战区屡番败北，夏威失威，向华失向，云淞云散，幸好
龙光反照，健生得所。

此联虽然不是很工整，但在联中巧用了广西地名，嵌入国民党
军各部将领张发奎（字向华，第四战区司令长官）、夏威（第十六集
团军总司令、第四战区副司令长官）、白崇禧（字健生，国民党军事
委员会副总参谋长）等人的名讳，讥讽他们在敌人进攻面前，只顾
保存自身实力，消极抵抗，致使八桂大地生灵涂炭，同时赞扬了曾
于桂平、贵县（今贵港）奋力抗击日寇的第三十五集团军总司令邓
龙光。

据统计，1944年日军入侵广西，人民死亡497364人，受伤
431662人，失踪54470人；被破坏受损失的工厂253家，矿场691个，
公路80%，公私汽车546辆，各种船只11476艘，还有大量的其他人
民财产，共计8277亿元（价值以1944年计算）。[*]

看着满目疮痍的广西大地，饶宗颐教授愤慨填膺，他为曾与日
寇浴血奋战而被抛尸荒野的爱国将士感到哀痛，对因战争而流离失
所甚至无辜殒命的百姓深切悲悯。诗人清醒地认识到，造成这一局
面是由于国民党当局政治黑暗，派系林立，互相倾轧，把保国卫民
的最高利益视同儿戏，从而导致大好河山沦于敌手，于是写下了《哀
桂林》诗：

---

[*]　数据出自钟文典主编《广西通史》第三卷，广西人民出版社1999年，第390页。

狠石怒不平，平地每孤峙。

谅哉石湖言，瑶簪差相似。

久无肠可断，负此峰头利。

乡心苦邅回，日夕望漓水。

飒飒东来骑，奔狼兼突豕。

回首嶒峨地，血泪夹清泚。

魂散孰为招，愁烟非故垒。

人事有逆曳，丧元知谁子。

徒言山河固，我欲问吴起。

在诗的最后，饶教授对国民党当局提出了义正词严的诘问："人事有逆曳，丧元知谁子？徒言山河固，我欲问吴起！"风景秀甲天下的名城桂林已是断壁残垣，成了一片废墟。饶宗颐教授想起了一同在国专任教的吕集义教授，寄诗一首《東方子》与吕教授共勉。吕集义（1909—1979），字方子，他是李济深先生的亲信。在饶宗颐教授疏散来蒙山的时候，吕集义教授与梁漱溟等疏散到了昭平、黄姚等地，后辗转回到家乡陆川。在诗中饶教授向友人诉说了自己到蒙山后的情况以及思念之情，在诗中表达出自己昂扬的精神，对国家民族的未来抱有信心，希望英雄早日打败日寇，中兴国家，复兴华夏。

抗战时期被炸成瓦砾的广西大学旧址

耳君名早识君迟，七星岩畔立多时。

如何三月建章火，一角沧桑付与谁。

吾行久滞蒙山麓，君归却卧昭潭曲。

咫尺可思不可望，徒闻乌尾讹城角。

残山剩水好平章，知君涕泪满奚囊。

病马可无千里志，余生但取还故乡。

咄咄蒙夫同卧起，检点光阴如梦里。

已知诗外尽穷途，却笑春蚕心不死。

多忧天谴罹艰屯，人间行处有朝暾。

十年原野厌膏血，中兴待咏留花门。

像饶宗颐教授一样的铁骨文人不仅没有被国仇家恨打垮，反而愈挫愈勇，始终保持着春蚕一样的韧劲，坚信胜利一定会到来。

柳州是座历史文化古城，唐代著名文学家，唐宋八大家之一的柳宗元曾于唐元和十年（815年）到柳州任刺史，由于积劳成疾，四年后死于任上。柳宗元在柳州任内，锄奴俗，敷文教，垦荒地，种柳植柑，给柳州留下了许多不朽的诗文，不仅给柳州留下了极其深远的影响，也建立了与柳州人的深厚感情，成为柳州人永远不可磨灭的记忆。为了纪念这位"有德于民"的文豪兼刺史，在他死后，柳州人相继修建了柳侯祠、柳侯衣冠墓等。与柳宗元同朝为官，曾

共同倡导古文运动的好友韩愈也为柳宗元撰写《柳子厚墓志铭》；唐长庆三年（823年）柳州罗池庙建成，韩愈又为之写《柳州罗池庙碑》，热情颂扬柳宗元业绩。在《碑记》中附有《迎亨送神诗》首句为："荔子丹兮蕉黄，杂肴疏兮进侯之堂。"南宋嘉定十年（1217年）大学士苏东坡亲自书写《迎

柳侯祠"三绝碑"

71

亨送神诗》并勒石于庙内。柳宗元、韩愈、苏轼三大文豪的文采神韵凝于一碑，堪为绝品，故后人亦称之为"韩文苏书柳事碑"或"三绝碑"。

韩愈因上表谏迎佛骨，触怒唐宪宗，曾被贬到饶宗颐教授的家乡潮州为官。与柳宗元一样，韩愈也给潮州留下了丰富的文化遗产，饶宗颐教授父子二人对韩愈都十分推崇。

眼下日寇的大肆侵略，气焰嚣张，连月之间，广西名城相继失守，生灵涂炭，眼看柳州"丹荔黄蕉一齐扫"，饶教授想到了诗人白居易的《新丰折臂翁》，在悲愤中写下了《哀柳州》：

　　　　瞋目皤腹何足道，丹荔黄蕉一齐扫。
　　　　乍见跕鸢张我拳，谁驱厉鬼击其脑。
　　　　穷荒难享无边春，如此江山坐付人。
　　　　峰是剑铓水是带，十年徒想清路尘。
　　　　哀哉新丰几折臂，宁以三军为儿戏。
　　　　霸业雄图今奚似，滔滔桂水流民泪。

在诗中饶教授愤怒于国民政府当局把国民抗战部队将士的性命当作儿戏，白白将大好河山拱手让给敌人，使手无寸铁的老百姓惨遭日寇铁蹄蹂躏。哀鸿遍野，饿殍千里，滔滔桂江满是流离百姓之泪。

广西大部地区沦陷后，国共两党领导的抗日游击战争全面开展。早在1944年9月28日，白崇禧偕张发奎来到蒙山，组织抢运密藏在蒙山陈塘、藤县太平的武器，以及组建抗日民团自卫武装。在县府大门前召开的民众大会上做全体动员时，白说："现在日寇要打通粤汉与湘桂两线，必定要入侵广西，广西就如一口棺材，日从东出，必从西落。日本鬼子来了不用你们老百姓打仗，但你们要把粮食、牲畜搬运上山，把不能搬动的水碾等生活设施捣烂、拆毁，做到坚壁清野，使敌人无法在这里立足。同时每县要成立三个自卫大队，现在蒙山只成立了一个，是主事人不力，这次来蒙山我见到了老同事陆伯秋（陆超），十多年不见他虽鬓发斑白，但精神抖擞，雄风不减当年，我代表中央特任陆伯秋为修、荔、蒙三县民团少将指挥官。"白崇禧当即撤换了组织抗战不力的县长毛文益，重新任命军人出身的蒙山人周伯宗为县长。在蒙山白崇禧还接见了简又文先生，要求蒙山县当局要保护好这些文化人。自从白崇禧到蒙山后，蒙山便进入抗击日寇的临战时期。

日军占领荔浦后，有南下进攻蒙山的动向。疏散在文尔村的无锡国专广西分校又得做再次疏散的打算，以校务主任蒋石渠为代表的大部分师生主张西去贵州贵阳，再图前往重庆，可以远离敌寇，但冯振代校长不同意，他认为广西"民情淳厚"，情况

陆超

73

熟悉。最后无锡国专分为两路，冯振代校长与阎宗临教授夫妇及部分国专师生前往昭平，蒋石渠则率领俞瑞征、冯静居、向培良、蒋庭荣以及职员陈奇芬等老师和学生博君潘、邓式山、郭湘、李桂秋、曾长卿、农盛田、梁建元等十多人从蒙山的新圩乡经忠良西行前往金秀。饶宗颐教授因已经在龙头村居住，且开设了私塾，这次留在了蒙山，他与蒋石渠分别时以诗《别石渠》相送：

> 等是无别家，难为去国心。
> 南风终不竞，荒谷唯穷阴。
> 食蕨颜逾美，生鱼陆可沉。
> 寄言分手者，相守在东林。

好友即将离开，又牵起饶宗颐教授客居他乡的深深愁绪。值此多事之秋，灾厄之年，个人的前途安危莫测，饶教授希望此次别后大家都能平安度过，待将来彼此在无锡东林书院故地相聚。

就在蒋石渠他们一行来到金秀的时候，桂林、柳州也相继沦陷了，西行到贵阳去的路被阻断，无锡国专的师生们只好滞留在金秀。师生一行恰好遇到一位国专毕业生欧阳革辛（欧阳革辛曾于1942年至1943年在桂林任过国专讲师），此人在金秀当地的政府任要职。前路不通，返回亦是危险。于是欧阳革辛便安排国专的学生到金秀附近的乡村学校任课，隐避于当地，每星期回一次金秀听教授们上课。无锡国专中的老教授俞瑞征曾撰联："一溪明月留人住，满树梅花映雪开。"与同学们共勉。

当时俞教授已经六十多岁，饶宗颐教授对前辈西行十分牵肠挂肚，他以晚辈的身份写了首《寄怀俞瑞征丈以尚有秋光照客衣为韵》：

> 团团中秋月，年年有新样。今年文耳塘，夕辉胜朝亮。
> 贱子诚不速，斗饮倒佳酿。生涯托铺啜，兹焉即微尚。
> 如何会难常，西窜真无妄。万方同逼仄，可奈去心赏。
> 奋飞阻山河，轸结难名状。斯乐岂偶然，追思辄神王。
>
> 连月失名城，势如拉枯朽。反怕消息来，寸心亦何有。
> 六合惊涂炭，微生同敝帚。重华今渺冥，谁是格苗手。
> 蛮貊怀忠信，诗书开户牖。寄声虑不达，城闉屡搔首。
> 平生历锋镝，已成丧家狗。祛除戎马气，端恃一杯酒。
> 放心浩劫前，有藤大如斗。
>
> 山居等螳蛄，不复知春秋。死钻旧纸堆，闭门当远游。
> 不敢学虞卿，著书说穷愁。愿如梁江总，还家尚黑头。
> 故乡不可望，泪与浮云浮。亦知非吾土，日日强登楼。
>
> 贾生同卧起，落月仰屋梁。引我飘摇心，天使落要荒。
> 敢陋九夷居，谓可希虞唐。洞庭渺天末，欲济无舟航。

湖湘三数子，契阔涕沾裳。此日足可惜，得酒当细赏。
无须叹飞鸢，且为恤赪鲂。

足跟愈坚牢，世态愈可笑。黄钟终毁弃，瓦釜竟雷叫。
天道果回旋，畴能观其徼。甚欲诉真宰，为予铲六窍。
新知俞夫子，语默天下妙。肝胆明冰日，千里倘相照。
行已虑犹非，愿言证古调。

瑶山少人到，有田无阡陌。灌莽作友于，饥鹰夜不匿。
如何耳顺年，来此蹈危石。天心诚叵测，簸弄岂终极。
伯儒来书言，径狭不及尺。怵惕久难进，骇汗生两腋。
我昔陟岭祖，曾作峒中客。今也缺追随，连云横战格。
无因送白壶，为公增脚力。

日日但寝饭，蕾蕾失所归。昏旦变气候，烟雨荒是非。
比者失新墟，远骑来打围。十里无人行，虫沙伏以飞。
孤生绝因依，肉食不能肥。千山如囚牢，一水如缧绁。
岂复长拘靮，念此欲涕挥。谁能叫帝阍，早晚罢戎衣。

在诗中饶宗颐教授向俞瑞征教授回顾了自己这段时间以来的郁
闷心情和艰苦生活。既有个人的离别之愁，思乡之苦，生活之颠沛
流离，亦有对国家山河破碎的感伤，对人民经历战乱，生灵涂炭的

悲悯，对日本侵略者的无比痛恨。饶宗颐教授因曾进过瑶山，想到山中的艰苦生活会给俞教授带来许多不便，便向老前辈表达自己的关切。桂柳会战的失败，一座座城市的沦陷，山河破碎，生灵涂炭，难民遍野；惨烈的一幕幕始终在饶宗颐教授脑海里挥之不去。饶宗颐教授痛斥侵略者，将家国之恨、身世飘零之感受融于一体，写成了篇幅宏大、内容丰富的诗篇与俞教授共勉。

桂林沦陷后，1944年11月16日，驻荔浦的日军200多人，在平野少佐的带领下，开始向蒙山北面和荔浦交界的杜莫乡（当时属蒙山管辖）进攻，被陆超率领的蒙山民兵团队击溃。12月日寇增加兵力到400多人，蒙山团队500多人和桂乐师管区黄丽棠营两个连奋起抵抗，从早到晚，打退了敌寇的数次进攻，肉搏十多次，终因弹尽粮绝被迫撤退，杜莫沦陷。12月8日，日军400多人继续南下，下午，新圩乡沦陷。日军便于荔蒙公路上竖起"大日本皇军永久驻屯地"的牌子，暂时停止南下进攻蒙山县城。新圩距蒙山县城12公里，距饶教授居住的龙头村约22公里。当时在县城十里之内已无人烟，战死的将士曝尸荒野，群山如囚笼，湄水如绳索，寇临城下，血雨腥风，形势十分危急。但饶教授临危不乱，挥毫作《囚城赋》。

唐代柳宗元谪居柳州，作《囚山赋》以"豕、兕"困于"牢、柙"自喻，情绪消沉，饶教授"故反其意"，表示要不畏艰险，突出重围。

蠖居蒙山，危城坐困。妖氛未豁，涣泯交离。丘壑草木，皆狴牢也。感柳子厚有囚山之赋，故反其意作是篇。其辞曰：

惟重阴之凝冱兮，岂一阳之已微。饥毛食而寒裸跣兮，民
昏垫而安归。风腾波涌更相骀藉兮，争曳曳以避虏。憎短狐之
伺景兮，益雄虺以齐斧。岁峥嵘而愁暮兮，非终风而曀霾。纷
霏霏以淫雨兮，蔽山林之畏隹。集榛棘于堂隍兮，戏麏麕于闉
闉。莽黄埃于四野兮，兽狂顾而人立。天降酷嗟无常兮，无为
愠忾而纷纭。羌山濈而海怼兮，何犬戎之足吞。"非豕吾为牢
兮，非罘吾为柙"。怪柳侯之谰言兮，会斩蓬蒿而去攘搔。吁
嗟乎，日月可以韬晦兮，苍穹可以颓圮。肝胆可以涂地兮，金
铁可以销毁。惟天地之劲气兮，历鸿蒙而始终。踽踽凉凉兮，
孰得而陵夷之。鼓之以雷霆兮，震万类而齐之。予独立缥缈
兮，愿守此以终古。从邹子于黍谷兮，待吹暖乎荒土。听鸣笛
之愤怒兮，知此志之不可侮。倘天漏之可补兮，又何幽昧之足
惧也！

赋中开篇就描绘了自己身处非常凶险的处境，中华民族的死敌
就在眼前，寇兵临城，血雨腥风，天昏地暗，日月无光，日军疯狂
进逼，民众凄惶逃命，蒙山道路遍生荆棘，断壁残垣，野兽四下走
窜，城内到处是一片惨不忍睹的景象。但与柳宗元《囚山赋》情绪
消沉的精神内核相比，饶宗颐教授"故反其意""吁嗟乎！日月可以
韬晦兮，苍穹可以颓圮。肝脑可以涂地兮，金铁可以销毁。……听
鸣笛之愤怒兮，知此志不可以侮。倘天漏之可补兮，又何幽昧之足

惧也!"

　　强烈的爱国主义色彩与抗战信念融合在一起,形成了这一首气势恢宏、慷慨激昂的《囚城赋》。饶宗颐教授在艰危窘迫的处境中,坚守文化传承,将辞赋的创作触角深入到民族生死存亡的战斗中去,希望通过自身去号召、去唤醒、去鼓舞、去激励大家,从辞赋的字里行间我们可以深深感受到饶宗颐教授的志节抱负,感受到在民族生死存亡之间,像饶宗颐教授一样的中国知识分子有着多么高昂的民族气节和卓荦人格。

八、再进大瑶山

我行叠嶂叹观止，如吞八九于云薈。

群公坚苦餐藜藿，要为国家树梁栋。

——饶宗颐：无锡国专二十四周年校庆诗句

在枪炮声中，已经迁移到大瑶山深处的无锡国专广西分校迎来了建校二十四周年纪念日，饶教授接到了校务主任蒋石渠教授的信函，邀请他到金秀与同仁们共庆。

接到邀请信后，饶宗颐教授决定再进大瑶山。由于此时的新圩镇已经被日军占领，从新圩经忠良进入金秀大瑶山的道路已经被封锁。这时日军主要是在藤县、平南、桂平县城以及平南的丹竹机场等地驻军，其他山区如藤县大黎，平南县同和、思旺，桂平紫荆、金田、大藤峡等地驻防则较为松懈。这些山区恰好是明代瑶、壮族农民起义和当年太平军广西首义时征战过的地方。饶宗颐教授与简又文教授平日常研讨广西历史上这两次农民起义的因果经过，早就有到实地考察的意愿，这样一来也可从那里去金秀大瑶山与无锡国专的师生相聚。主意定下后，饶教授便与李达池商量此事。彼时已是1944年12月的中旬，李达池十分支持饶教授再次进入大瑶山考察，并决定与他同行。为防不测，李达池还从李家族人中选中一名精通武术且常在金秀、藤县等地跑圩做生意的青年作为向导配备枪械同行。

第二天即出发，饶教授、贾辅民、李达池、向导等四人先是从文圩夏阳江畔乘小船出发，经蒙山的水秀、黄村、陈塘，再到藤县东荣，往西到平南县同和，然后弃舟步行绕过沦陷区到思旺再往西南到桂平金田太平军首次起义处。他们前后走了三天，所走过的路线是大瑶山的东南麓，虽然农历民间的传统节日冬至将至，但沿途所见皆民生凋敝，十村九空，人们都上山逃避日军了，田地荒芜，村庄断了炊烟。饶教授心情沉重，作《七律·冬至》一首：

心折路迷正怆然，阳生冬至朔风前。
一身异县仍三徙，九死辞家又六年。
破壁历残惊岁暮，碧江山赭失秋妍。
南东行处悲禾黍，触眼荒畴不复田。

饶教授回想这半年来，从蒙山县城再到龙头山村，现在又要到

81

金秀去，抗战的前途，避难的路程，是否会因冬至的到来而阴极阳生、否极泰来？眼前景象，使饶教授不禁怀有黍离之悲。

在金田村饶教授一行考察了太平军誓师起义的犀牛岭古营盘，起义前夕太平军储藏武器的犀牛潭等遗址。下一站便到达在广西农民起义史上的一个地标——大瑶山西南端的大藤峡。

现在的大藤峡，指的是西江干流河段的黔江武宣段的勒马至桂平的弩滩这一段长百余里蜿蜒穿过崇山峻岭的江道。山势险峻，江水湍急，具有"天设之险"。因古代传说在弩滩与碧滩之间，天然长着一根大藤，长数丈，藤如梁，横亘于黔江两岸，故而得名。

在过去许多文献中所记载的大藤峡境域是非常辽阔的，不仅指现在所述的黔江这段江道，还包括盘回于以金秀为中心的荔浦、蒙山、平南、桂平、武宣、象州、鹿寨等八县间的大瑶山境域整个范围。

明代大藤峡以瑶族为主的农民起义从洪武年间开始到天启年间为止，历时250余年，规模较大者有10余次，其中又以蓝受贰、侯大苟领导的义军起义规模最大，坚持时间最长，斗争最激烈，影响最深远。明成化元年（1465年），明王朝派出了以韩雍为首的16万大军前来征剿，残杀了起义军3200余人，韩雍镇压农民起义后，下令将横亘于黔江上的大藤砍成三段，制作藤鼓三个，以义军的鲜血将鼓染红，分别挂于梧州、肇庆、广州三府的军门前。韩雍还将大藤峡改名为"断藤峡"。熟读这段历史的饶宗颐教授到大藤峡后有

《大藤峡》一诗叙述：

> 龙山何嵖岈，伸出如双臂。五屯遮其左，岩洞通幽邃。
>
> 羊肠何处听，绝壁吁可畏。藤峡势最险，攀登增惊悸。
>
> 古来此兴戎，徒益苍生匮。一藤亘南北，出师动七萃。
>
> 断之果何补，矜功劳夸示。四海皆连枝，胡为列烽燧。
>
> 至今两崖清，短日泣寒吹。富贵仅暂热，声名亦嫌忌。
>
> 卉木自皇古，长为天地媚。至美出自然，伐鼓安足冀。

诗有附注：明天顺八年，监生封登奏："寻州夹诸山，嵖岈巉嶪，峡中有大藤如斗，延亘两崖，势如徒杠，蛮众蚁渡，号大藤峡。最险恶，地亦最高。登藤峡顶，数百里皆历历目前，诸蛮视为奥区。桂平大宣乡崇姜里为前庭；象州东乡武宣北乡为后户；藤县五屯障其左；贵县龙山据其右，若两臂然。峡北岩峒以百计。仙人关、九层崖极险峻，峡以南有牛肠、大岵诸村，皆缘江立寨。"（《明史》卷二百五广西土司一。）此明初瑶山之状况也。成化二年（1466年），韩雍等攻石门、古营诸地，破瑶寨三百二十四所，改大藤峡为断藤峡，刻石纪之。又截其藤为鼓。（阮元有诗咏之，见《研经室续集》五。）

花草树木，出自天然，自古有之，将藤砍断，以矜军功，徒劳无益，在赞美自然造物的同时，饶宗颐教授对发动战争者以批判鞭挞，自古以来不论谁发动战争，遭殃的都是老百姓。诗里充分流露了饶宗颐教授对同为中华民族的瑶族等少数民族同胞的关爱之情，体现出一个文学家、历史学家和教育家的悲悯情怀。

饶教授一行对大藤峡进行了两天的实地考察，然后沿来时路返回到平南同和镇，沿大同江乘舟到马练乡再向西步行到达罗香乡。

罗香乡地处大瑶山中部东南面，方圆三百多平方公里，历史上曾隶属平南。这里居住着盘瑶、茶山瑶、坳瑶、花蓝瑶。罗香乡四周岗岭如环，北面最高上千米，东、西次之，南面最低，溪水从此南流。罗香乡往西几十里便是海拔1979米，被瑶族同胞誉为神山的大瑶山主峰圣堂山。

此行的目的，是到蒋石渠教授等无锡国专师生集中所在的金秀镇与他们团聚，而金秀镇在罗香乡的正北方，饶教授一行也就没有去圣堂山考察。他们当晚在罗香乡公所住了一宿。

从罗香乡到金秀虽只有80里山路，按照当时的路况却要走两天才能到达。第二天一早，饶教授一行备足干粮，便往北向金秀镇走去，路上他们遇到一些山子瑶胞，互相打过招呼后，瑶胞们步履如飞，倏忽间便消失在前方。饶教授在山路上放眼俯视眺望山下，只见悬崖峭壁，怪石嶙峋，灌木丛生，非常险峻和壮观。站在两山间的同一高处望去，对面山头相距不过数百米，但山势陡峭，山路曲折，真正走到对面山已是几个小时之后。沿途还会遇见藤树纠结，古树遮天蔽日的原始森林，林中有的溪涧太宽，饶教授一行便用悬藤做索荡秋千般荡过去，每人手中的探路木杖折了一条又一条后，终于在傍晚时分到达一处有人烟的村落——罗梦村（今名罗孟村）。这是饶教授一生所走过的山路中最艰险的一段，在饶教授一生中留下了难忘的回忆。从饶教授日后的诗《罗梦村道上》便可见一斑：

罗梦村道上

吾心已摇摇，忽到瑶人屋。初疑抟扶摇，更似骑鸿鹄。

羊肠盘百八，累我行却曲。岂惟折我筇，且复痛我仆。

到此谋一憩，草树媚秾绿。孤村何所有，编户缘修竹。

野猪骨如柴，云是食不足。天鸡时一喧，催归声更速。

板瑶躺地卧，无被可加腹。烧薪聊取暖，奈此寒觳觫。

稚子无裤着，见人尚羞缩。肮脏难入眼，哀哉此茕独。

平生欠脚债，结荷几水宿。回首浮云外，夷羊方在牧。

苍然幻烟霭，峭壁纷斜矗。翻羡山子瑶，过山如蝙蝠。

冥冥祝神禹，火急为刊木。忍饥渡危桥，预进豆腐粥。

在罗梦村的时间虽短，但饶教授亲历村中盘瑶同胞一家老少的生活，观察到他们独特的民俗习惯，细致入微地对瑶民穷困的生活进行了描写，从内心深处发出了《罗梦村道上》这样悲天悯人之叹。《罗梦村道上》成为国难年代研究金秀大瑶山瑶族生活的珍贵诗篇。

国难当头，政府无能，苛捐杂税繁重，在金秀的五个瑶族支系中也存在着剥削和不平等。茶山瑶、坳瑶、花蓝瑶，他们进入瑶山较早，统称山主瑶。又因为这三种瑶人男子过去都留长发，在头顶打一个髻，所以又被称为长毛瑶。长毛瑶占有大多数山地、梯田、森林和水域，他们居住在沿河较平的坝子里，以耕种水稻为主，因此他们可以世世代代聚居在某处，建筑经久的土木结构的房子，从而形成比较密集的村寨。盘瑶和山子瑶则不能占有瑶山里的土地，他们被称为山丁瑶或过山瑶，只能向早已经定居在这里的山主瑶租山耕种，除按年交租外，二三年后还要再种上树木还给山主瑶，叫作"种树还山"。因为在山主瑶制定的瑶规里，不仅土地，包括天上的飞鸟，水里的游鱼都属于山主瑶，过山瑶不准捕捞；更有甚者，在山主瑶村寨的路上，过山瑶都不能昂首阔步而过。在山主瑶严重的剥削下，过山瑶的生活十分困苦。"孤村何所有，编户缘修竹。""板瑶躺地卧，无被可加腹。"就是他们的真实写照，这种悲惨状况一直持续到新中国成立后。1951年8月28日，在中央人民政府民族访问团的直接指导下，大瑶山各族代表，以传统的"石牌头人"方法在金秀通过《大瑶山团结公约》，大瑶山的瑶民才真正实现了山主和山丁间的平等。

饶宗颐教授一行当夜寄宿在一户盘瑶（板瑶）家中。这段时间以来，饶宗颐教授再次深入瑶区，发现了瑶族各个支系之间民间宗教、信仰等风俗习惯都各有不同：盘瑶的图腾崇拜是盘瓠（龙犬），认定他们的祖先是盘王，自称盘王子孙，盘瑶因而得名；山子瑶、坳瑶都信仰盘王，传说盘王的生日是农历的十月十六日，所以每年的这天他们都会穿上鲜艳的服装聚集在一起过盘王节，又称"跳盘

1952年的蒙山长坪盘瑶生活情况

王",还"盘王愿",这是他们缅怀始祖、崇拜英雄、聚合人心的一种宗教仪式,已经有1700多年的历史。《过山榜》是盘瑶、山子瑶世代流传的一种记载本民族历史的文献,为唐宋时代王朝统治者用以招抚瑶族先民入籍和准许瑶民迁徙的券牒文照。

"游神",是茶山瑶、花蓝瑶、坳瑶、山子瑶集体崇拜"五谷保护神"刘大娘的宗教仪式之一。

"度戒",是金秀五个瑶族支系都举行的一种传授法术的宗教仪式。这一仪式的基本内容有三个方面:一是传授法术,二是传授传统文化,三是进行伦理道德教育。受戒者一般是十六七岁的男子,经过度戒能够"神通升天,求神送鬼",有资格参加法事活动。五个瑶族系的"度戒"内容基本相同,但又各有特点,区分在具体仪式有所不同,尤其是山子瑶的"上刀山""过火海""踩犁头""跳云台"

87

等仪式丰富多彩且异常刺激。

坳瑶中的语言"瑶"字的发音与汉语"坳"字相似，故称为"坳瑶"。坳瑶男子的头髻，不偏不倚地结在头顶正中，因此又称为"正瑶"。

山子瑶多耕山地种黍，黍在当地俗称糁子，为一种粮食作物。"山""糁"两字，发音相近，故称为山子瑶，含大山之子之意。

花蓝瑶的先民在首领蓝受贰、侯大苟的领导下参与了轰轰烈烈的大藤峡瑶民起义。起义失败后，被迫迁移到金秀大瑶山，居住在圣堂山周围的六巷、门头、王桑、古朴等村落。花蓝瑶妇女的服饰均绣有精美的图案，色彩斑斓，绣上的蓝花更是栩栩如生，"花蓝"即花花绿绿的意思，花蓝瑶因此而得名。

茶山瑶则因住地而得名。"茶山"是大瑶山北部一个历史上的地名，茶山洞即金秀村，就是饶宗颐教授一行接下来要去的无锡国专师生们集中所在地。另在《方舆纪要》中有载："茶山（永安）州西十里，绵亘深远，林菁丛郁。"这里描述的地方恰好是饶宗颐教授第一次进瑶山的岭祖、巴勒、永合等地所住的茶山瑶。道教文化对茶山瑶民间文化有着广泛而深远的影响。"做功德"和"洪门祭典"是茶山瑶的两种重大民间宗教仪式。

第二天，饶教授一行到达金秀镇。金秀镇位于大瑶山腹地，金秀即"金山秀水"之意，主要居住着茶山瑶和盘瑶两个支系。金秀镇重峦叠嶂，风光旖旎，发源于金秀老山的金秀河，流经金秀镇的六拉、金田村，长峒乡的平道村后入象州县境，汇入柳江，在这里曾发现了唐代的钱币，说明很早的时代就已经有人从山外入居此山了。

从1940年起，国民党桂系当局便开始在此设立统治大瑶山的机构，开始叫"金秀警备区署"，1942年改为"金秀设治局"，强行"开化瑶山"。他们强迫瑶民改变风俗习惯，禁止瑶民穿民族服装，强行剪发，欺辱瑶民，纵容部属为非作歹，枪杀耕牛，调戏妇女，激起了瑶民对国民党当局的强烈不满。传统的"石牌头人"制度被摧毁，形成了全体瑶民与国民党桂系当局的矛盾，终于在1943年初爆发了金秀各地瑶民联合攻打金秀设治局，打死军警数人的"金秀瑶变"事件。事后，广西绥靖公署派军法官廖成前来审理被捕瑶民，先后枪杀苏道升等12人，"瑶变"头人全金标被骗往桂林杀害。

"瑶变"事件发生后，国民党桂系当局继续在瑶民乡村建立政权。为了加强其统治，他们一边抓紧拉拢瑶族上层头人，培训统治瑶族的代理人员，一边从周边县选任一些有文化，且对瑶族风俗习惯有所了解，并尊重他们习惯的汉人到瑶区做行政官员。前文提到曾在无锡国专任过讲师的平南大旺圩人欧阳革辛，就是这样来到金秀任地方行政领导的。驻留在金秀的国专师生得到欧阳革辛的帮助、照顾，使得国专能在隆冬时节在金秀这高寒山区里继续办学。虽然环境苦寒而使得教学异常艰难，但是师生们却用惊人的毅力克服一切，专注而热烈地学习着。老师同学之间亲如父子兄弟，蒋石渠教授有诗《赠瑶山诸同学》："万千尘劫渡荒遐，师弟相从似一家。昼出樵苏夜弦诵，米无半石书五车。敢将忧乐关天下，漫为风霜惜鬓

蒋石渠教授

华。各世英贤安有种，丈夫志节自堪夸。"从诗句中，足以看出老师们对学生的爱护，舐犊情深，师生间亦师亦友，以诚相待，老师和学子，毫无隔阂，彼此尊重。

饶宗颐教授感于欧阳革辛对国专师生的帮助照顾，写诗如下：

国专讲师欧阳君出长金秀瑶区，诗以贺之

六一能文未算奇，奇在折箠笞胡儿。

平南大小六七战，使虏辟易怯西窥。

铜章出为瑶僮宰，瘴烟满面生于思。

岂其以此列戟当营卫，抑乃哦诗正要捻吟髭。

书生大言君莫嗤，十万大山即雄师。

大王墟里多弟子，鬊首惟髻供驱驰。

藤峡天险逾冥阨，纵有伏波未敢越雷池。

老夫佗旧有壮语，南面聊可作娱嬉。

君今潭潭如卧虎，春风百骑拥旌旗。

我非陆生艰作记，南来稍馈一囊诗。

最难彭魏连翩至，诛茅仿佛翠微时。

交州好士称士燮，君应乐此忘其疲。

滔滔天下皆兵革，微君谁与巢南枝。

饶宗颐教授为欧阳革辛仕途的进步感到高兴，诗中引经据典，鼓励欧阳革辛努力为各族百姓在战乱中创造可以安居的地方。

是日，饶宗颐教授终于见到了他心中牵挂着的俞瑞征老教授，大家相约来到镇上瑶人开的一个酒肆，把酒言欢，饶教授有诗记录当时其乐融融的场面：

瑶人宅中陪瑞征丈饮酒

冬日诚可爱，生事靠围炉。

瑶俗悭卖酒，先生频捋须。

薯蓣久充肠，旬日远庖厨。

闻有落花生，其脂可医癯。

招呼二三子，盍簪入市屠。

得酒出望外，虽薄酌须臾。

一饮足去冰，再饮颜胜朱。

酒债寻常有，兹焉那可无。

平居思九子，志节较区区。

亦复嗤二曲，土室署病夫。

丈夫贵特立，坦荡养真吾。

当知乐处乐，焉问觚不觚。

91

大道在稊稗，乾坤入酒壶。

请归问瑶妇，痛饮莫踌躇。

酒过三巡，大家情绪高昂，谈古论今，说到明末清初的易堂九子和二曲先生，虽然列为宿儒，但在乱世中仅能委屈自存，气概不够高扬。"丈夫贵特立，坦荡养真吾。……大道在稊稗，乾坤入酒壶。"这些慷慨陈词，当得起"书生意气，挥斥方遒"。

这一时期是饶宗颐教授在广西诗词创作的高峰期，蒋石渠教授与饶教授患难相交，烽火文心，友情就如伯牙和子期。一年后饶教授回广东前蒋石渠教授曾有诗《送饶固庵》写到在金秀瑶山这段难忘的日日夜夜，诗记如下：

> 甲申冬避寇瑶山，饶君自蒙山来访，时四面皆敌。饶君日夕为诗，几忘烽烟之逼人也。及来山围，敌已投降，本校亦定明春返锡，君于寒假先归粤，颇有他去意，赋此为赠。
>
> 犹忆穷山访我时，漫天烽火赋新诗。
> 荦荦真有不亡在，瘝瘝已成靡所之。
> 差喜今朝得归去，相看吾道务驱驰。
> 赠君一语应须记，草长江南与子期。

瑶山深处，虽日寇一时还没有将战火蔓延到这里，饶教授还是心中郁结。他虽钟爱自然，但国难当前，总觉得自己不能尽情享受

92

野趣。瑶山虽美，自己却身在异乡，故乡怎样，亲人又如何？家国情怀共同构成了他此时复杂的心情，读他的《瑶山咏》我们便能深刻体会：

瑶山咏

> 薄薄瑶山酒，日日不离口。
>
> 瑶女未解愁，楚客空搔首。
>
> 村村闻鸠舌，家家尽堇牖。
>
> 老松八千尺，日傍北风吼。
>
> 山花乍吐妍，山石渐变丑。
>
> 五里沉雾迷，公超挟我走。
>
> 本性侣麋鹿，何意跨苍狗。
>
> 世乱隐伴狂，捉襟时见肘。
>
> 赤足拖狐裘，此趣笑谁有。
>
> 万方声一概，到此忘阳九。
>
> 所欠花猪肉，无食使人瘦。
>
> 行歌耸驴肩，归路逐牛后。
>
> 长啸叫孙登，客梦落林薮。

1945年的元旦，这天恰逢无锡国学专科学校成立24周年的纪念日。避难在金秀瑶山的无锡国专师生们在蒋石渠主任的主持下，为自己的母校举行校庆。饶宗颐教授与大家欢谈宴饮，享受深山中难

93

得的盛筵。他回顾了学校的来途，想到无锡国专虽栉风沐雨，但却依然能够砥砺奋进，并不以时下学校驻于山中而悲，认为艰难困苦玉汝于成，国难当中全体师生同仇敌忾、同甘共苦，更能孕育出国家的栋梁之材。于是写下了纪事诗：

卅四年元旦值无锡国专二十四周年校庆，石渠置醴瑶山精舍，酒后赋呈座上诸公

我似羸牛鞭不动，尚欲与公偕入瓮。

薄酒浇胸如泻水，一饮百杯嫌未痛。

江海相逢值元日，觥筹手挥兼目送。

穷山华筵岂易得，此乐要当天下共。

太湖三万六千顷，伊昔曾开白鹿洞。

崔巍瑶岭播迁来，最高寒处能呵冻。

师友呻吟各一方，二十四年真一梦。

我行叠嶂叹观止，如吞八九于云梦。

群公坚苦餐藜藿，要为国家树梁栋。

平时蟠胸有万卷，可与山灵一披讽。

潢潦终当归巨浸，蛮荆自昔生屈宋。

西溪一脉此传薪，南荒万象足拊控。

汀洲鸿雁渐安集，风雪纸窗余半缝。

倾壶但愿长周旋，破眼梅花春欲纵。

94

"倾壶但愿长周旋，破眼梅花春欲纵。"如今再回头读这些诗句，除了唇齿留香，我们心底更多的是敬佩，饶宗颐等有良知的中国知识分子们，怀着家国天下的情怀，把苦难化作了食粮，把满腔愁怨唱成了歌。他们不仅没有被国仇家恨打垮，反而愈挫愈勇，始终保持着昂扬的精神，苦中作乐，咬碎牙齿和血吞，终于坚持到了曙光来临的时刻。

就在1945年的春天，蒋石渠教授带领师生们从金秀南下平南、容县然后到达北流山围，在那里与疏散各处的师生校友一起重新复课。

元旦很快就过去了，饶宗颐教授依依不舍地辞别蒋石渠教授，千言万语写在《赠蒋石渠先生》诗里：

> 谁欤玄黄兵马秋。力能犯难砥中流。
> 浑身是胆有蒋侯。五车载书驱九牛。
> 侧身西向睇梁州。凿山缘木穷荒陬。
> 猿狄蛮犷相交樛。险如阴平宵渡偷。
> 沧江老屋小如舟。鹧鸪满山呼沟辀。
> 行不得也终迟留。同来诸生三两俦。
> 恰如陈蔡从孔丘。昼则樵爨夜咿呦。
> 文学穰穰仓囷稠。有弟有弟硕且修。
> 群经百子独旁搜。赴义无畏行无尤。
> 谁其可比隋二刘。我昔感君枉青眸。

千里之外结绸缪。风雨如晦屋鸣鸠。

既见君子喜兼愁。恶风浊浪波山浮。

佩君不肯化指柔。似君须向古人求。

乾坤吾道长悠悠。急景凋年我忽道。

岂不怀归不自由。群山峨峨风飕飕。

别君东去徒离忧。

　　"群山峨峨风飕飕。别君东去徒离忧。"饶宗颐教授一行冒着凛冽的寒风，踏上往蒙山县文圩镇龙头村的返程，而此次回蒙山，他经历了一生中最为艰难险阻、惊心动魄的半年。

九、逃劫栖黄牛

放翁犹堪绝大漠，祖生微闻渡黄河。

丘山会有万牛挽，莫伤只手无斧柯。

——饶宗颐《黄牛山歌和天水赵文炳》

文圩镇龙头村在金秀镇的正东面，从金秀返回龙头村的直线距离虽然只有100里，但途经金秀、忠良、夏宜、文圩四个乡镇辖界，山路崎岖，十分难走，不过饶教授他们也只能走这条路线。因为这时金秀东北面的蒙山新圩镇，东南面的平南县等地都有敌情，他们计划分两天走完这100里的路程。第一天先走60多里，到蒙山的夏宜瑶乡住一晚，然后第二天再从夏宜步行30多里回到龙头村。

天刚亮，饶教授一行备足了一天的干粮就匆匆出发了，不久走到金秀的白沙村山道，一场冬雨不期而至。客行之人遇雨，触目萧然，感极而悲者很多，但饶宗颐教授平和坦然地趁着这淅淅沥沥的雨，欣赏周边的山光水色。只见峻石高耸，青松挺拔，还时不时会有"叽咕——叽咕——"的寒鸡叫声传来。饶教授幽默地与同伴说："南雨撩人，好似江南的暮春三月啊!"谈笑风生中一首七绝《白沙道中遇雨》信手拈来：

> 松阴匀水碧于蓝，乱石穿空锁夕岚。
>
> 蛮雨撩人偏作美，严冬宛似暮春三。

一行人被饶宗颐教授幽默乐观的性格感染，步履也轻盈了起来，向导对这条路较为熟悉，他们途经金秀的共和村、忠良的龙表村后再翻过海拔一千多米的忠良乡石羊山界，便进入到蒙山夏宜瑶族乡的能友村。当他们到达夏宜乡时天已经全黑了，当夜寄住在夏宜街龙剑魄先生的家中。第二天他们走出10多里路到夏宜峡，然后过能板（饶教授称龙板）、木护、百六、文圩步行30多里回到了龙头村。

这时已是1945年的元月上旬，日寇占领新圩后原计划向蒙山县城进攻，但却迟迟不见旱峡或水峡有战事，敌人好像在等待着什么时机。这时的蒙山城已经是风声鹤唳，草木皆兵，民众有的投靠在深山中居住的亲戚朋友家，有的结伴向深山老林躲避，搭茅厂结庐而居。

饶宗颐教授与学生贾辅民、赵文炳教授一家三口，以及广东投亲来的黄柏荣、陈一悟等人则随龙头村的李家族人一起，跋涉攀上龙头村西面海拔近千米处，方圆二十多平方公里的黄牛山避难。黄牛山的植被很茂盛，水源充足，从山脚有一条溪流一直流到龙头村，有利于人们疏散上山。龙头村的李氏族人也不知道日寇会盘踞蒙山多久，只听闻穷凶极恶的日本鬼子，烧杀抢掠，无恶不作，像蝗虫一样，所过之处寸草不生。李氏族人做好了长期躲避日寇的准备，逃难时他们把一些牲畜、生产工具和生活用具都搬上山来，在山上搭竹渠引水，开荒种瓜、种菜。时值隆冬，李达池等人用斧头砍下几棵一尺多直径的山松，将松木锯成一丈多长的圆木，再将圆木锯成木板。然后砍竹割茅，选择在几棵大松树下一处向南避北风的山坳，为饶宗颐教授及学生和赵文炳一家了分别搭了几间小茅屋，床铺就更是简单，用树干在地上打四个柱桩，用竹篾将四根树干固定在四个桩上，然后铺上松木板，用松毛当毡子，松毛上面盖上席子。这就是饶宗颐、赵文炳教授他们的临时居所了。天晴还好，一旦刮大风又下雨，茅屋上漏雨下渗水，真就如杜甫所说的那样，"床头屋漏无干处，雨脚如麻未断绝"了，不但被子、席子俱湿，连生火煮饭都难。

李达池等李家兄弟是土生土长的本地人，很快便适应了山中环境，他们了解到饶宗颐教授和赵文炳教授客居深山的诸多难处，热情邀请饶教授他们一起吃饭，为他们烧水泡脚，对此饶宗颐教授十分感激，有《文墟行》诗一首：

数载苦飘零，衣带日以缓。

故里今安归，异乡常恋栈。

孤舟泊万里，四海寡一盼。

立山多友生，寄身忘荒远。

绛帐舞风雩，黄菊开秋苑。

如何戎马乱，拼作飞鸟散。

李子何谹达，高义逼霄满。

温汤与濯足，说经劝强饭。

文墟权息偃，自喜堪肥遁。

始知终覆巢，未必无完卵。

逃劫栖黄牛，诛茅汲翠筧。

悲歌答风湍，客梦依云巘。

己嗟室翘翘，徒想花纂纂。

交情胜弟昆，挚意兼暄暖。

独怜李下蹊，竟作沟中断。

十室见披发，九有叹微管。

何以妥我魂，庶自涯而返。

心乱诗尤屛，聊用报悾款。

在蒙山避难的一年多时间里，有两座山是饶宗颐教授终生难忘的：一是他以"爱其翘然特秀，峥嵘云表"的愉快心情，轻盈的步履与学生一起游历的天堂山；另一处就是他以"吾生百炼钢，万险那能劫"的决心，与赵文炳教授一起攀登并在上面结庐的黄牛山。

100

且看他当时写下的《黄牛山》诗：

黄牛山

山在永安州西二十里，州人避寇，结茅绝顶焉。

昔我读水经，知有黄牛峡。

掩卷辄神往，肺腑若与狎。

岂知后十年，其境果身及。

地仄异西陵，径险逾西狭。

重岩远际天，壁立如骈胁。

驳骎属稠林，弥望疑马鬣。

澄潭余尺水，甘苦堪一歃。

下窥万鸦沉，烟雨可吐喝。

不用悬身登，已觉筋力乏。

弧矢暗江海，罔象浮炭爂。

兹焉结茅茨，弥想古未甲。

吾生百炼钢，万险那能劫。

政可追冥搜，山卉即象法。

易堂隐翠微，守志乃鸿业。

嗟哉二三子，临履莫云怯。

饶宗颐教授除对黄牛山的险峻发出感叹外，还想到了明末清初隐居江西翠微峰易堂而不仕的魏家父子，并以此勉励众人坚守民族气节，将来才能成就一番宏图大业。

就在饶宗颐、赵文炳教授在黄牛山上安顿下来后，没过几天蒙山的战事就发生了急剧的变化：陆超司令属下桂乐师区的一个营长黄丽棠出卖家乡，当了遗臭万年的汉奸。

原来日寇占领新圩后，碍于新圩旱峡、水峡的险要地势，且蒙山又是一座山城，怕进攻蒙山自身兵力会受到重大损失，再加上白崇禧、张发奎等早已来蒙山做好抗战的准备工作，日军就是攻下蒙山也没有什么战略意义，所以日寇自1944年12月4日下午占领新圩后便停止了南下步伐。

黄丽棠毕业于广西桂林干训班，曾在荔浦、平乐当过警长。他是一个嗜赌成性，好逸恶劳，善于见风使舵的人。他善于钻营，利用一宗叔与白崇禧有深交这一关系，坐上陆超司令官属下的主力营营长的位置，新圩沦陷后陆超和广西平乐师管区司令王赞斌则命令黄丽棠营守卫新圩旱峡与水峡这一重要的隘口。

黄丽棠恶习难改，一次到陆超的部下蒙山自卫第一大队长黎梓斌在县城开的赌馆赌博，用部下带来的几十支枪做赌注，结果赔个精光，枪也没了。这事被陆超和王赞斌知道后，黄丽棠自己内心惶恐不安，认定两位长官肯定不会放过自己，便心生投敌叛变之心。他与副营长唐耿光和韦汉林一起，暗中来到新圩与日军平野少佐取得联系，计划于1945年1月15日，利用蒙山圩日人多杂乱，在县城制造事件，他们做内应让日军趁机进攻蒙山。黄丽棠还把营部也从古排前线迁到县城通文街。

黄丽棠还想出了一个将陆超、王赞斌一网打尽的阴谋，他以为自己新出生儿子作"三朝礼"为名，于1月15日在营部驻地大摆筵宴，派专人送帖给陆超和王赞斌，计划在宴席间将二人擒拿，里应外合引日军南下蒙山。黄丽棠把营部迁到县城通文街的举动，早已引起了陆超对他的怀疑，奸计被陆超识破，陆超早已事先布置下属做好战斗准备。在陆超、王赞斌到黄丽棠营部后用计安全脱险。

1月15日上午九时，日军300多人，沿公路南下蒙山，通过险隘旱峡、水峡时未遇到自卫队的抵抗。在行进到县城附近的虎头岭时，被埋伏在上面的黎梓斌部队一阵猛烈扫射，日军迅速散开，朝自卫队发钢炮，冒枪林弹雨强攻，自卫队被迫撤退。祸不单行，黄丽棠指挥下属在蒙山市场枪杀民众制造混乱，与日军互相呼应。下午五时，日军从长寿桥进入县城，黄丽棠、唐耿光、韦汉林等到桥头迎接，从此蒙山县城沦陷了134天。黄丽棠之流助纣为虐，带领日伪军四处烧杀抢掠，强奸妇女，犯下了罄竹难书的滔天罪行，致使蒙山天日无光，被蒙山人民永远钉在了历史的耻辱柱上！

笔者的外祖父，县城油行街人，曾是桂系部队的军官，日军占领蒙山前便牺牲在抗日任上。蒙山沦陷时，外祖母只好带着未成年的儿女到县城以北的茶山村亲戚家中躲避。黄丽棠勾结日军半夜来搜山扫荡，天黑不见五指，寒风凛冽，草木结霜。外祖母回忆道，那时远远听到日军的狼狗声，连夜拖儿带女遁入深山，真是苦不堪言。白天黑夜都不敢生火做饭，因为一旦烟起就会带来杀身之祸，仅靠从家中带来的几斤红薯干渡过在山上的三日。在笔者很小时就听外祖母说过："要是黄丽棠敢回蒙山，蒙山人愤怒的唾沫都能淹死他。"

武侠小说大师梁羽生，与笔者陶钢谈到黄丽棠做内应勾结日军入蒙山一事时说道："要不是黄丽棠做内应，日军是不敢进入蒙山城的，这个汉奸引狼入室，必定遗臭万年！"我们翻开《名士风流——梁羽生全传》都会看到有关这段历史的记载。

就在蒙山沦陷后的第二天，黄丽棠就带领日伪军到文圩镇大举扫荡。他助纣为虐丧尽天良之举给蒙山带来的灾难是空前的，在日军占据蒙山县城134天的时间里，就带领日伪外出扫荡24次，波及昭平县城，大瑶山忠良等地，仅饶宗颐、赵文炳教授避难的文圩镇就达11次之多。这段时期北风凛冽，蒙山地区很多天都是霜冻气候，饶宗颐教授与赵文炳教授所在的黄牛山更由于地势高，寒风裹着霜雪和山间的沙粒，地上结冰，满眼都是白茫茫的一片。

抗战时期赵文炳教授一家摄于重庆

笔者在1987年5月到龙

头村访问过梁羽生的姐姐陈文汉老人，老人回忆说："日本鬼子进入蒙山后，饶宗颐教授和赵文炳教授全家和我们一起上黄牛山躲避。一天我见赵文炳教授写了首诗给饶宗颐教授，他流着泪读给饶宗颐教授听，读完后赵文炳教授放声大哭起来。"笔者再问陈文汉老人："赵文炳教授为何这样伤心，当着你们的面大哭起来？"陈文汉说："听李达池说，这首诗的名字叫《黄牛山歌》，赵文炳教授曾经是国民党的大官，领兵打过仗。他伤心自己得不到重用，没能领兵去抗日杀敌，让日寇打到蒙山来，自己一家人被逼得风餐露宿。"饶宗颐教授对赵文炳教授漂泊的经历深表同情，有诗《黄牛山歌和天水赵文炳》和之。同在异乡为异客的两位教授，在黄牛山上用诗表达了对日本侵略者和汉奸的满腔愤恨，对国家深沉的忧虑和爱。

此间非同谷，胡为牵萝补茅屋。

崩榛正满逵，长镵曲柄子安归。

尚怜朝士风中老，裂冠毁冕收身早。

空有新声续水云，坐叹凝霜沾野草。

从来多垒儒生耻，忍见呼兵蒙山道。

山间岂易忘岁月，日下几曾伤流潦。

恓恓此日湄江湄，故都故国有所思。

携家黄牛岭头住，几时骑牛函谷去。

渭水滔滔尽北流，终南兀兀肯南顾。

劝君休唱黄牛歌，泪似秦川呜咽多。

放翁犹堪绝大漠，祖生微闻渡黄河。

丘山会有万牛挽，莫伤只手无斧柯。

困境之下，饶、赵两位教授都不满于仅在深山之中保全性命，都希望能抗日救国，无奈都是手无寸铁的文士，只能在诗中为自己祖国的罹难而悲痛感叹，但他们坚信定有万千志士于危难之中挽国家和蒙山于将倾。"杜鹃再拜忧天泪，精卫无穷填海心"，这是中华文人的风骨。

十、山城喜重光

宁幽暗兮无极，待重光兮自然。

——饶宗颐《烛赋》

与饶宗颐教授等有识之士一样，勤劳勇敢的蒙山人民，没有被日寇、汉奸的嚣张气焰所吓倒。被击散避入山中的自卫队已暗中联络，准备向日伪盘踞的县城发动围攻，光复蒙山。

1945年的2月13日，农历乙酉年正月初一，这天饶教授是卧于茅屋的松毡上度过这个令他终生难忘的乙酉年第一天的。这样的情形下饶宗颐教授也不忘治学，他从桂林带下来的两袋书籍始终随身，每天以披阅《文选》查阅古《蒙州志》打发时光。到了2月19日正月初七人日那天，饶宗颐教授仰望天空，环视群山，只见薄暮冥冥，云雾缭绕，山岳潜形，饶宗颐教授内心唏嘘，有《人日》诗一首：

穷阴皂白不能分，谁遣春风散重云。

岭西千古断肠地，酒浇不下胸轮囷。

僵卧松毡数人日，流年似鸟遄飞疾。

仍是东西南北人，此身归去安能必。

万里风波一叶舟，青山百匝绕蒙州。

流离岂是长无谓，怀古端须志穷愁。

　　注：蒙山史事罕征。李德裕子烨尝贬蒙州立山尉。烨撰妻荥阳郑氏墓志云："大中九年乙亥，终于蒙州旅舍，权厝于蒙州紫极官南。"唐之紫极官未知何在。李义山无题万里风波一首，说者谓在江陵为烨所赋也。德裕于崖州，著有穷愁志。

　　广西自古就是贬官流放的地方，仅唐代就有柳宗元等上百官员被流放到此地。其中有一人名叫李烨，他是晚唐名相李德裕（字文饶）的儿子，唐宣宗即位后因猜忌李德裕贤名，将李德裕贬到海南。李德裕在海南期间，著书立说，奖善嫉恶，备受海南人民敬仰，后人在海口立其像于"五公祠"内。李烨受其父牵连被贬到古蒙州任立山县尉，后任刺史，而立山正是饶宗颐教授避难所在的蒙山县属地。不同的是，李烨被贬来到此，是民族内部的矛盾，而自己当下是中华民族与日本军国主义的矛盾，凶残的日伪汉奸随时都会来扫荡，无数百姓和自己一样不知前路如何，这流离且危机四伏的生活使饶教授满腔郁愤。

这段时间里日伪的气焰十分嚣张，黄丽棠被立为少将保安司令兼维持会长，有不少汉奸倒戈投靠到黄丽棠的阵营参加了"保安队"或"扁担队"，助纣为虐，四处劫掠。

2009年2月笔者与钟文典教授一起在香港，得到饶宗颐教授的接见。谈到当年情况时钟文典教授说："那时候只有两条路可走，一条是跟黄丽棠去当汉奸，当时我刚从省立桂林高中毕业，村上有个叫钟文俊的族人，投靠了黄丽棠后得了个上尉的官衔。他对我说现在黄丽棠那里需要大批像你这样有文化的人出来做事，我可以介绍你出去当官，我一口回绝了他。后来我走了另一条路，经人介绍到昭平石人岛加入'蒙荔修民团指挥部'，陆超指挥官任命我为该部政工队的'上尉队长'，当时有黄瑞麟等人，此前政工队还有一些中共党员参加了进来。钟文俊后来也被我们巧施反间计，借黄丽棠之手把他处死了。"

陆超曾是李宗仁的老部下，是一个坚定的抗日爱国官员，他对黄丽棠倒行逆施迫使蒙山父老乡亲流离失所的行为十分痛恨。1945年2月21日，陆超利用敌伪主力进扰昭平，被县自卫队黎子彬阻击缠斗之际，调集民团指挥部直属大队和桂乐师管区刘蔚连从黄村上水秀，分两路向县城进攻，双方在县城西南的新村、塘围、石板等村进行了激战。由于进扰昭平之敌回援，敌骑兵从大塘、水秀两路冲至乐拥，自卫队的武器也太差，在敌强我弱的情况下，被迫撤退。黄花学院教师吕苏民等九位自卫队员在撤退过程中被敌伪俘获，他们在敌伪的刺刀面前大义凛然，誓死不降，最后皆被凶残的敌伪刺死，但烈士英名永远铭刻在蒙山人民心中。

自卫队第一次围攻县城后，敌伪知道在蒙山抗日的力量还是强大的，便暂时停止了外出扫荡，采取攻心战术，四处宣传日军的绥靖政策，迷惑老百姓共建"大东亚共荣圈"。黄丽棠还请来了戏班到县城唱戏，制造所谓在天皇的领导下歌舞升平的太平盛世，强迫因年老体弱不能上山避难，家住县城通文街的老夫子蒙伯卿为戏台作联，蒙老夫子分别在戏院的大门和戏台作了对联。大门的联曰："观古可鉴今，看历代贤佞忠奸如何结果；似真仍属假，借片刻荣华富贵总是虚花。"戏台联曰："看得见莫嘈，听演前朝过往事；站的稳便罢，留些余地后来人。"

开始围观的人不少，黄丽棠还有点得意，后来越来越觉得不是滋味，这不是在暗讽自己吗？黄丽棠即刻下令抓人，蒙老夫子早有准备，家中早已人去楼空，黄丽棠扑了个空。

冬去春来，春耕的季节到了，饶宗颐教授与学生贾辅民、黄柏荣、陈一悟，赵文炳教授等人随着躲避在黄牛山上的李家人，回到了龙头村。饶宗颐教授与贾辅民还是住在更楼上，一旦听到警讯他们就会再上山躲避。

平日饶宗颐教授仍然在李氏祠堂教李家的子弟读书来打发时光。他十分想念在金秀瑶山里的国专师生，蒋庭荣教授（字毅庵）是蒋庭曜教授（字石渠）的胞弟，兄弟俩为了无锡国专的生存四处奔波，家人四散无法团聚。在战乱中他们与饶宗颐教授结下了兄弟般的友谊。一日有消息传来，蒋庭荣教授要来龙头村找饶宗颐，一早饶宗颐教授便到蒙山与大瑶山东面山路交接的文圩能板（饶教授读龙板、龙阪）路口等待。结果蒋庭荣教授走的是大瑶山西北面的桐木这一条路，大家都在不同的路口眺望等待、徘徊，眼看天色已晚，饶宗颐教授只能返回龙头村，夜不能寐，希望来日能与好友相见，于是以诗寄托情感：

金秀村迟蒋毅庵不至

君昔命驾适蒙山，茧足龙阪空复还。

君行桐木不可遇，我且拂衣文墟去。

人生会合不可常，浮云蔽天道路长。

山头流水长呜咽，客心此日悲未央。

与君交好如兄弟，翩翻无奈成秋蒂。

千峰黯黯云冥冥，终日迟君君不至。

我归少住龙头村，劳生久已杂鸡豚。

相逢当为置醇酬，霞佩颉颃古所敦。

不久，饶宗颐教授在文圩龙头村见到了走另一条路来的蒋庭荣教授。这是蒋庭荣教授有家事将去江西之前的一次相见，短暂的重逢后又要分别，饶教授著诗一首期盼在战乱中远行的友人能平安珍重：

毅庵自瑶山归赣，道经文墟，信宿饯之以诗

出山还作入山谋，憔悴南冠一楚囚。

零乱飘灯惊暝宿，分飞劳燕惜迟留。

君从惶恐滩头住，吾向荼蘼江上休。

肠断朔风行万里，一川鼙鼓月如钩。

1945年5月3日，蒙山自卫团队在陆超的领导下第二次围攻县城。此役毙敌10人，但由于各路团队不能如期会合夹攻敌人，自卫团队再次被迫后撤。

5月9日陆超召集各自卫队长开会部署自卫团队第三次围攻县城，5月10日自卫队集结于文圩佛子村。是夜敌伪用"美人计"骗过自卫团队的岗哨，偷袭自卫队的驻地，当敌伪潜到自卫团队驻地的榕树根附近时，被驻守在那里的自卫队岗哨发现，于是双方展开激烈的鏖战，是役自卫队打死日伪军19人，蒙山自卫队也伤亡30多人，另有佛子村村民3人被打死。

此役战场距饶宗颐教授居住的龙头村仅四里地。自卫团队在佛子村与敌伪鏖战的同时，蒙山其他各处的自卫团队按原来的军事部署，向县城发起攻击，但进犯佛子村的敌伪回援县城，同时驻荔浦的日伪也南下蒙山解围，自卫团队只能再次被迫撤退。

5月14日饶宗颐教授在李氏家祠传授学生《周易》，以易经卜卦，得离卦，卦云："突如其来如，焚如，死如，弃如。"这是极凶之象。他即刻把这一情况告诉赵文炳教授、黄柏荣等，并一道跑往道

112

义村，上黄牛山。两日后果然发生了惨剧，日军在两小时内，滥杀文圩镇上手无寸铁的平民七人，是为"五·一六"血案。饶宗颐闻讯大声恸哭，此后，他就不再用《周易》卜卦。因为一旦卜卦，就会想起当年的悲惨景象，内心悲痛不已。

5月22日，日伪再犯文圩，一名日军士兵到龙头村附近搜索时被陈一悟开枪打死，日军即在佛子坳向饶宗颐教授所住的山楼连发四枚小钢炮，山楼当即起火，幸好饶宗颐教授一行此前已避上黄牛山，幸免于难。

5月27日，被蒙山自卫团队打得焦头烂额的汉奸黄丽棠，认为蒙山文笔塔对他的"武运"不利，欲将文笔塔炸毁，若文笔塔倒塌则继续盘踞蒙山，若文笔塔不倒则撤出蒙山县城。5月27日，只听到轰的一声巨响，文笔塔依然屹立不倒。黄丽棠内心惶恐大惊，于28日夜仓皇向杜莫、荔浦方向撤退，沦陷了134天的蒙山县城宣告光复。自卫团队在陆超的率领下乘胜追击，配合国军于7月17日光复荔浦。

县城光复后从黄牛山回到龙头村的饶宗颐教授一行人，闻讯无不欢欣跃雀，喜极而泣。这时整个国内的抗日形势已朝好的方向发展，饶宗颐教授看到了全国抗战胜利的曙光，我们从他作的《烛赋》一文，可感知他此时的心情。

烛赋

忽忽兮轻飏，撼予室兮翘翘。抚予心兮赤裸裸，觑人世分百无一可。长夜来袭兮天地失明，烧红烛以照烂兮扶梦宵征。层云溁沱兮气振林薄，若警予以虚诞兮浮生何著。烬高兮人语低，心湿兮蜡泪垂。楚人兮冠缨绝，燕相兮素书疑。吹落残月，万籁凄凄。委结予怀，郁陶我思。飞蛾衔火兮，三四来绕。似彼庸昏兮，毋乃自扰。问何喜兮灯花？傥相怜兮穷鸟。乞脑兮无缘，镂冰兮费巧。膏以明兮自煎，散余耀兮彻天；宁幽暗兮无极，待重光兮自然。

选堂后记

抗战既起，播迁西南，每登高以望远，辄援翰而写心。箧衍所余，得此六首，国专门人益阳贾辅民所录存也。弃之可惜，存其少作，检付梓人。汉志辞赋家，虽一二篇，亦为著录；斯戋戋者，享帚自珍。良以劳者歌事，用遂其情；聊寄概于一时，俟相知于。若以文言，则吾岂敢。戊子春饶宗颐记。

饶宗颐教授在文中以历代与烛相关的典故穿插铺排，最后以"宁幽暗兮无极，待重光兮自然"画龙点睛，寄寓抗战胜利之希望，曲终奏雅。艰难困苦，玉汝于成。饶宗颐教授始终保持着昂扬的精神，苦中作乐，咬碎牙齿和血吞，终于坚持到了曙光来临的时刻。

在日寇入侵蒙山县境的半年多时间里，据蒙山县志统计：因与日军战斗牺牲86人，日军共计杀害男女同胞221人，奸淫妇女91人，烧毁民房1302间，抢掠稻谷4000多担，耕牛100多头，财物更是抢劫无数，有数十人被强迫征用为拉夫，自此下落不明。具有光荣抗击侵略者传统的蒙山人民奋勇抗击日军的暴行，前仆后继，可歌可泣，或赤手空拳，或以土枪土炮、棍棒为武器，与敌殊死搏斗，毙敌数十名。这是饶宗颐教授在广西时期最为艰苦的一段生活。在战火纷飞、山河破碎的环境中，他继续坚持教育与学术研究，用笔作为武器记录了这段颠沛流离的战乱生活，他参与的是另外一个战争，让文化不灭，让国家有望。这是对我们国家和民族深沉的爱，更是义无反顾的担当，确为高山仰止，景行行止。

饶宗颐、简又文、梁羽生等在蒙山避难的文化人，后来都在香港做出了一番文化事业，他们在蒙山这一段历史也将成为研究香港文学史、文化史、学术史的一个重要史料。

十一、北流庆胜利

举杯同祝中兴日，甲午而来恨始平。

一事令人堪莞尔，楼船兼作受降城。

——饶宗颐《九月三日》

蒙山全县光复后，饶宗颐教授接到冯振代校长寄来的关于无锡国专在广西北流县山围镇磐石小学复课的通知，饶宗颐教授便向尚滞留在蒙山的简又文、赵文炳、梁羽生等依依告别，与学生贾辅民及部分国专学生从蒙山经藤县、平南、容县前往北流山围镇。

饶教授一行先是乘舟而行，当舟过蒙山的黄村镇，饶宗颐教授站在船头凝视江面，过去一年多的避难生活历历在目，有《黄村》一诗：

劫余草树有创痕，乱石临江似马屯。

云自无心波自远，一帆初日过黄村。

举目四望，河岸两边历劫余生的草木犹带着战争的创痕，江边的乱石犹如战马密布。天上的浮云随着缓缓流淌的水波远去，船帆映着朝阳已到了黄村镇。

黄村镇在蒙山南面20公里，这是饶宗颐教授在蒙山避难期间作的最后一首诗。

舟过藤县境内时，饶宗颐教授想起了八百多年前客死于藤州的秦观。*饶宗颐教授默诵此词，对秦观客死藤县感到深深的伤怀，想到自己因战乱不得归乡，悲上心头，于是作《过藤县默诵少游好事近词》一诗：

宿雨添花迷处所，江流砌恨几多重。

乱山南北连云去，难向藤阴觅旧踪。

舟溯浔江而上，这时江水上涨，在平南县武林镇浔江和白沙江的交汇处，饶宗颐教授伫立江口，又吟出《武林口》：

---

*　秦观（1049—1100），北宋词人，"苏门四学士"之一，在藤县期间曾作有《好事近·梦中作》："春路雨添花，花动一山春色。行到小溪深处，有黄鹂千百。飞云当面化龙蛇，天矫转空碧。醉卧古藤阴下，了不知南北。"

滔滔二水合成愁，处处人家水上楼。

落日孤篷天杳杳，已迷归路是藤州。

江水尚能汇合，自己什么时候才能和家中亲人团聚呢？饶教授觉得自己就好似那随风飘转的孤篷，心中充满惆怅。

大安镇距武林镇不远，这里地势低洼，白沙江与上寺河在这里交汇，饶教授经过这里时，恰逢河水上涨，漫入街道，大安镇成了一片水乡泽国，船可以直接驶入街中。虽然波折不断，但饶教授却非常豁达，他幽默地作诗自嘲，觉得他们一行湿漉漉就像刚刚沐浴完毕的状态，见诗《大安镇水涨》：

水天相模糊，四顾失平陆。

榜舟直叩门，鸡犬俱升屋。

层波生木杪，九街缘水曲。

俯仰即沧浪，恍然出新沐。

经过五天的水陆跋涉，饶教授一行终于在夜幕降临时分到了容县七里村投宿，见其诗《宿七里村》：

夜投七里村，又行百二里。

水边沙外人，天寒树如此。

第二天，饶教授他们终于到达北流山围镇磐石小学，冯振代校长的家就在这里。蒙山县城沦陷后，冯振代校长和阎宗临、吕竹园等师生迁往昭平仙回。1945年2月黄丽棠带日寇前来搜劫，冯校长他们上山躲避，行李书籍多有损失，可谓历尽艰辛。他们在昭平县县长韦瑞霖的帮助下，暂时滞留北陀乡国民中学担任教师。1945年3月冯振代校长和少数教职工取道苍梧，越过沦陷区回到北流，和家人一起准备国专师生复课的前期工作。这次饶宗颐教授一行人的到来令冯振代校长十分欣喜。

令人惊喜的是，蒋石渠主任、俞瑞征教授也带领滞留金秀瑶山的师生提前从金秀间道平南、容县来到了北流。1945年5月，无锡国专这所在抗战中一路烽火文心、弦歌不绝的学校，又在北流山围一座不显眼的山村小学中复学了，饶宗颐教授在这里重新执起了教鞭。

北流历史悠久，设县已有1400多年，因境内圭江向北流而得名。其地处两广交界，旧称"粤桂通衢""古铜州"，历史上曾"富甲一方"，素有"小佛山"和"金北流"之称，是世界铜鼓王的故乡。在北流，课余时饶宗颐教授如同在桂林时一样，喜欢与三五友人游历北流的山水风光、名胜古迹。

北流的勾漏洞，是道教三十六洞天中的第二十二洞天，由宝圭、玉阙、白沙、桃源四洞组成，全长一千多米。东晋著名医学家、道学家，时任北流县令的葛洪曾在洞内炼丹修道、著书立说。徐霞客曾游洞探险写下了六千多字的游记。饶教授游洞后写下了《勾漏洞仿孟郊体》诗：

星摧与霜锯，何年化此奇。其棱剚日月，其骨堆琉璃。入门惊昼晦，呵壁觉天欹。初如探耳漏，（淮南修务训：禹耳之漏）旋似植断蓄。（旬子非相：周公之状身如断蓄。注：其形曲折，不能直立。）漏地不漏天，其妙不可知。偶得泉流涎，涓滴不盈卮。积水或成潭，其下喘蛟螭。丹砂非可求，碧藓一何滋。昔人兴峡哀，我今为洞悲。凝幽少人来，凿空至今疑。钩我零落肠，起我深长思。俯仰一线天，咨嗟百丈梯。扪崖自快意，不必羡门期。

饶宗颐教授为洞中罕见的奇特瑰丽景观赞叹不已的同时，想起了孟郊的《峡哀》之诗，时战火未止，不免引起了他的伤感。同时有《桃源洞》一首：

势接九嶷山，远甚苍梧野。漫招帝子魂，悲风木叶下。
浅津莫问源，密花可藏客。问天天不知，研丹擘危石。

游览了桃源洞，饶教授想起了陶渊明笔下的桃花源，桃花源人为避秦乱而躲入其中，时下自己为躲避日寇的战火来到此，想到了如今动乱的战争时代，饶教授怎能不感叹！

北流有处峡谷叫鬼门关，据《辞海》记载：鬼门关，古关名在

120

今北流县西南，介于北流、玉林二市间，双峰对峙，中成关门。古代为往钦、廉、雷、琼和交趾的交通要冲。因"其南尤多瘴疬，去者罕得生还"故名。古人谈及多有色变，留有不少肃杀的诗句，黄庭坚曾在此处写下多首《竹枝词》。饶宗颐教授一行到此，联想起这半年多以来经历的艰难险阻，似乎也如同度过这鬼门关，都已化险为夷，于是饶教授反古人其道行之，写下肃杀中洋溢着生机的《鬼门关》诗：

> 此关何曾远，到处好江山。
>
> 风威寒日瘦，篱菊尚娇颜。

山谷竹枝词："鬼门关外莫言远。"又言："日瘦鬼门关外天。"

相传唐代宰相李德裕被贬海南路过鬼门关时，吟咏出"一去几万里，千之千不还。崖州在何处？生度鬼门关！"的千古诗篇。饶宗颐教授虽然暂时无法返回故乡，但他心胸旷达，懂得自我排遣，登高远望，心已随目之所及归故里，于是作《题北流江亭用李文饶韵》：

> 临水谁相送，望乡可当还。
>
> 凭高还自笑，未到鬼门关。（此关距城二十里。）

1097年，北宋大文豪苏东坡被贬海南，路过北流，曾停舟驻足，他的弟弟苏辙则同时被贬雷州。当苏东坡到达广西另一州郡梧州时，听闻苏辙尚在藤县，遂作《吾谪海南子由雷州被命即行了不相知至梧乃闻其尚在藤也旦夕当追及作此诗示之》：

> 九疑联绵属衡湘，苍梧独在天一方。
>
> 孤城吹角烟树里，落日未落江苍茫。
>
> 幽人拊枕坐叹息，我行忽至舜所藏。
>
> 江边父老能说子，白须红颊如君长。
>
> 莫嫌琼雷隔云海，圣恩尚许遥相望。
>
> 平生学道真实意，岂与穷达俱存亡。
>
> 天其以我为箕子，要使此意留要荒。
>
> 他年谁作舆地志，海南万里真吾乡。

近千年的时空在此交错，饶宗颐教授寻访苏东坡系舟处，感慨万千，有诗《访东坡系舟处，即用其至梧示子由韵》：

> 西江东去接湖湘，北流此水到何方。
>
> 欲寻坡老系筏处，寒波无语烟微茫。
>
> 幽人一往悲寂寞，至今犹为索行藏。
>
> 独嫌好事添古迹，俯仰江天路短长。
>
> 我来后公盖千载，江边举颈遥相望。
>
> 感公学道在知国，不教四海叹其亡。

便敢因公诉箕子，辽鹤归来视八荒。

山川无复分南北，澹然水国均吾乡。

箕子是商代末期的贵族，商纣王的叔父，因殷商政治混乱，纣王不听劝谏，箕子佯疯出逃。饶宗颐教授和苏东坡如箕子一般怀有才德而被迫客行，引起了跨越时空的共鸣。但苏东坡虽然被贬南荒，国家尚且无虞；饶教授的逃难则是个人和国家患难的结果，在逃难之时他仍心系国家民族的安危。如今再回头读这些诗句，除了唇齿留香，会心一笑，我们心底更多的却是对饶教授深沉博大的爱国情怀和豁达坚毅的人格情操的敬佩。

1945年8月15日，日本天皇裕仁广播《停战诏书》，宣布接受中、美、英、苏等同盟国发出的最后通牒，即《波茨坦宣言》所规定的各项条件，无条件投降。9月2日，在停泊于东京湾的美国战列舰密苏里号之上，举行了日本向同盟国投降的签降仪式，日本正式签署无条件投降书。抗日战争终以日本战败而告终。

饶宗颐教授和无锡国专师生在山围听到这一消息，与民众一齐沉浸在欢欣喜悦与扬眉吐气的氛围里。他用诗《九月三日》表达无比喜悦和激动的心情：

举杯同祝中兴日，甲午以来恨始平。

一事令人堪莞尔，楼船兼作受降城。

中华民族曾有过辉煌的历史，中华民族不是一个卑屈的民族，自鸦片战争特别是1894的甲午战争以来，中国受到日本等帝国主义的侵略压迫，简直是耻辱重重，笔不胜书。日本签署降书，中国人民从此将摆脱战乱之苦，饶宗颐教授觉得大快人心，万分欣喜！

无锡国专在山围复学时，又向社会招收了两班一百多人的新生，并聘请了不少有名望和学问的教师前来授课，其中就有教授古文学和诗词的巨赞法师。

巨赞法师（1908年—1984年），江苏江阴县（今江阴市）人，饶教授称为巨赞上人。俗姓潘，名楚桐，字琴朴。1931年于杭州灵隐寺出家，法名传戒，字定慧，后改法号巨赞。1940年在桂林主编《狮子吼》月刊宣传抗日，1942年应邀到桂平西山龙华寺任住持，一面弘扬佛教，一面从事抗日活动，周恩来给巨赞法师题："上马杀贼，下马学佛。"1944年，日军大举进攻广西时，巨赞法师不得不离开桂平，避往北流。

饶宗颐教授来到山围后和巨赞法师交情甚笃，在临近重阳节的一天，两人结伴登上山围磐石山，饶教授有诗《登磐石山同巨赞上人》：

亭亭磐石山，娲皇昔所捐。

其下临清流，独立得天全。

斩新日月明，特地出乾坤。

壮哉南方强，曾经百炼坚。

仰攀若顶天，我意欲无前。

俯视万人家，原畴何田田。

佳节近重阳，吹帽秋风颠。

清谈心无义，独喜僧皎然。

二年客桂东，与山久结缘。

此石尚玲珑，山公所心传。

何当江南去，载将入画船。

　　饶教授登山赏风景，并与法师论道，钦佩法师的佛学修为，将法师与唐朝的高僧皎然相类比。饶教授对磐石山的吟咏，都是在借山而咏国专同仁，抒发激励国专学人的情志。言山高耸入云，即为风格高尚，言山百炼而坚韧，即为历劫磨难而气节更加挺立，劝山何不去往江南，实际上是鼓励国专师生保持志向操守，期待将来迁回无锡学校故园。

　　1945年重阳节，饶宗颐教授在山围整理过去两年在广西所作的诗集，其以在蒙山、金秀避难所作为主，命名为《瑶山集》并作《自序》：

　　去夏桂林告警，予西奔蒙山，其冬敌复陷蒙，遂乃窜迹荒村。托微命于芦中，类寄食于漂渚。曾两度入大瑶山，攀十丈之大藤，观百围之柚木，霏霏承宇之云，凄凄慕类之麇，正则小山所嗟叹憭栗者，时或遘之。以东西南北之人，践块轧囷囷

125

之境。干戈未息，忧患方滋。其殆天意，遣我奔逃，俾雕镂以宣其所不得已。烈烈秋日，发发飘风，卑枝野宿，即同彭街，裹饭趁墟，时杂峒獠。逢野父之泥饮，值朋旧而倾心。区脱暮警，寒析宵鸣，感序抚时，辄成短咏。录而存之，都为一卷。今者重光河狱，一洗兵尘，此戋戋者，皆危苦之词，宜捐弃而勿道；然而他乡行役，诚不可忘，烧烛竹窗，如温旧梦，敝帚自珍，亦何妨焉。

一九四五年乙酉重阳　饶宗颐识于北流山围

1946年1月饶宗颐教授应聘到广东文理学院任教，便从桂林南下广州，自此离开广西。

2000年，饶宗颐教授的学生，广西社科院研究员萧德浩先生在《广西文史》上发表了《饶宗颐师避难蒙山追记》一文，将书文邮寄给饶宗颐教授。饶教授看后十分感动，曾想重回广西寻踪，后因另有他事最终没有成行。

2006年，香港天地图书公司总编辑孙立川先生在香港《城市文艺》发表了经饶宗颐教授和梁羽生先生亲手订正过的文章《违难蒙山的文人们——饶宗颐、简又文、梁羽生的一段难中轶事》。

2013年，时任广西区党委书记彭清华率团到港澳开展"美丽广西港澳行"活动，耄耋之年的饶宗颐教授愉快地回忆起当年在桂林的任教往事，不仅能背出当年写下的瑶山诗篇，还亲自手书"运筹决胜"四字送给代表团，对广西未来寄予美好的期望。

附录

1.违难蒙山

简又文

在"藕孔避兵"（注：简又文称水上浮宅曰"藕孔"——出自梵典"藕孔避兵"之语）的时期，生活日益苦闷无聊。岸上即［既］无娱乐场所，江水又污浊不堪，常现黄色，而且湍流太急，不能游泳。先室昔在九港素以游泳女健将名，至是也不敢轻身一试，小儿女更不能下水，反而要时时看顾，恐怕失足致溺。日间，我只有打开史料箱子，检出咸同两朝的《东华续录》，草草披阅，札记有关太平史事诸条。入夜晚饭后，孑身步上岸上城里，到友人家与数友玩纸牌以消磨时间。同舟者有三家人。先室每日教她们制造西饼，同工合作，以出品拿上岸上出卖，倒赚了些买菜钱。

至九月，平乐得闻日军来寇的警讯，急作再次疏散的准备。忆起邻近的蒙山县有北平"今是学校"的门人陈文奇，是当地富贵人物。即与其通信取得联络，蒙其慷慨应允招待我全家到那里避难。遂于中旬挈家人渡江，雇了十二辆手推的旱板车，直趋荔浦，南下

127

蒙山。因只靠门人照拂，不便与单女士母女同行了（后来她俩乘原船南驶至平靖之处，胜利后回港。）

陈文奇是蒙山富农，由"今是"毕业后，留学法国，厕身政界，曾出任镇南关交涉专员。归故乡任［参议会］议长，甚得人望。家居县城东南卅里之屯治乡（"屯"土音读tum，下平声）。全家聚族而居，已历数代，共有良田多顷，松山数个，家中又养猪养鸡，种瓜种菜。男耕女织，衣食无忧。全家分三房，文奇居次。有三房"晚叔"信玉犹健在，子文统毕业省立中学，酷好文词。文奇赋有领袖才，义侠成性，乐善好施，努力助人，邻近诸乡农民皆受其惠而感其德，群奉为领袖。信玉先生则老成持重，蔼然仁者，诸乡敬服，被推为公田管理人。他父子推屋乌之爱，竭诚招待我全家。文奇闻我们到了，进城欢迎。

我们先在县城僦屋而居，暂过太平日子。时，违难蒙山者有赵文炳、饶宗颐（无锡国学专校教授，老友也）、何觉（擅文学，新交也）、孔宪铨（邑中学校长，好填词），诸子常相过从，兼事唱酬，群借此风雅事起忘忧作用。何君创办"黄花学院"于邑城，我们均义务分任教席。我原不工词章，作诗不多，以笃于考证史学，动辄寻根究底的头脑不喜欢推敲觅句，亦不容感情奔放，多事幻想故也。但在特殊场合，遇有诗友——如前时在沪、在京不禁受了好友诗文的影响，而吟兴偶发，时或写出几首辞藻不丰、字句不佳的律绝。诗兴也会传染的，奇乎不奇？这回巧与几位都擅词章的朋友会合于蒙山，居然有文酒之会，我又乘兴吟了几首，钞录三章如下：

128

甲申重阳日蒙山各界人士有登高之举并展吴江墓阻雨未果往是夕邀宴县参议会率赋三绝为谢

秋风秋雨又重阳。江北江南几战场。黄菊留人拚一醉。不知明日在何乡。（时，日寇已陷荔浦，有进犯蒙山之势，邑人多准备疏散入山。）（按：赵君读至末句，触起满怀心事，不禁涔涔下泪，惟昔年同样避过兵灾者方才有此心酸心痛之经验也。）

慷慨殉城一烈臣。古今忠义此精神。蒙人尚忆吴州牧。九十年遗爱在民。（吴江，字云卿，汉阳人，咸丰元年，代理永安州知州，治绩颇著，爱民若赤。翌年秋，太平军克城，以身殉职，死事甚烈。蒙山人士念其贤，每岁举行春秋二祭，至今不辍。）

烽烟犹是烛山城。告祭宁忘唤太平。为谢多情东道主。愿凭杯酒洗刀兵。

蒙州山居宴集黄花学院同仁以兼葭楼（黄节）古体春色满中原分韵得色字

甲申中秋后一夕。举杯邀月忘主客。赵何饶孔联翩来。松风映带须眉碧。棚瓜正肥夜香香（夜香，花名，夜间吐清香，可佐膳）。晚凉初放洗胸臆。长空万里了无尘。郁勃诗心出酒力。天马腾骧自西北。廿年关辅共袍泽。精研律法推李悝。间倚新声宗白石。（甘肃赵焕琴文炳，昔与余同在西北军任政治工作，嗣同在立法院任立法委员。）北田诗孙屯砚田。欲以文章来活国。（顺德何蒙夫觉，为晚明诗人北田馆主何不偕族孙，邀约同仁危城讲学。）振衣千刃饶平饶。经史刚柔凿禹迹。（岭东饶固庵宗颐，曾寓饶平凤凰山，以千刃名其诗集，尤精古舆地学。）二麓妙笔绣春风。上与况王争一席。（蒙州孔北涯宪铨，精长短句，传朱彊村之学。二麓盖其填词处也。况蕙风周颐、王半塘腾运，皆岭西近代词人。）严城笳鼓又天涯。忽漫相逢岂易得。予也缁衣践九州。屋壁山岩苦冥索。（曾在沪主办"逸经"文史半月刊。）抛却年华付太平。不知费去几辆屐。（予专治太平天国史垂廿五年。）大风吹我到此间。（抗战军兴余在港创办"大风"半月刊。）山居稍谢尘烦迫。因思七载九播迁。虎口麻难几夺魄。幸留耿耿寸心丹。坐对月光无愧色。座中诸子贤哲傃。共写胆肝浮大白。既开石室资雅才。弦歌直可压兵革。伫看南纪壮波澜。收取春光被八极。

重阳后二日黄花学院师生共游雨蒙冲余以小恙未往独坐看菊补咏一律

何处秋光好。檐前菊正黄。人矜行远道。我独眷幽香。明洁羞桃李。孤高耐雪霜。会心成一笑。相赏莫相忘。

此外，另《蒙山即事》七律一首，内有二句云："且喜张飞能用计（泛用《三国演义》故事）。又来白起更安心。"前者指张司令长官发奎，后者指白副总指挥崇禧。二人忽于一日自柳州轻车简从驾到蒙山巡视，定计破敌。我得通知，即往谒。三人欢笑，乐不可支。

张为老友，知我全家困处山城，即解囊接济生活费二万元，大有裨助。白则因太平史关系，夙为神交知己，面嘱县长慎为保护，尽量接济。两友厚谊，至今铭感。犹可记者，白为桂省首要人物，因其一言，我全家在蒙山更得安全。缘此语一传出去，语意夸张，意有谓奉白总参谋长严令我是国民政府重要人物，避难至此，全县人民应负责保护；如有不测，火烧三十里等语，一何可笑？那时，我本来可以随他俩到柳州，回重庆复职，但细思一家大小流落于此异乡，虽有爱徒照顾，究是无主，大不放心，何能离去？反正已正式请假，而交通阻滞，乘机留下，并非过失，且照料家人亦责任所在，不能为罪。

无何，日军于十月陷桂林，后十一月三日陷荔浦，迫近蒙山。陈氏叔侄邀请我全家迁入其村中祖居。文奇以其土制木楼给我们住宿。其叔应允由族中公积仓给米与我们吃，我感谢之下，不敢受惠，只允作为借用；将于胜利后照数照价补偿。至于燃料，则文奇慷慨地说："我家有的是山松，用之不竭，拿来作敬师的真正的'薪'，不费分文。"我们也不辞。至于零用菜钱则行囊所积尚有余资足用。县政府亦有些少接济（均开数入省政府公款仍以顾问待我），生活问题一一解决。

在陈宅寄居未几天，便得闻一宗怪事，大可反映广东故乡在沦陷于日寇时期之惨状。一日，偶遇中年妇人，口操新会土音，是同乡也。因与攀谈，问其缘何来到斯地。她含泪诉苦。原来，在日寇占领期间，广东大饥，四邑（新会、台山、开平、恩平）尤甚。我四邑多人到美国、加拿大及他处谋生活，每每留下妻儿在乡。时有外汇接济，土人称此等妇人为"金山婆"（金山为美国之俗称）。沦陷后，汇款断绝，而物价奇昂，又时值荒年，饥馑遍地。其不饿死者，纷纷挈儿女逃亡。途中，多有再难挨饥者，辄将儿女送与凡肯收养者，自己孑身再逃他处。时有奸商利用此为发财之机，收容稍有姿色的青年中年妇女，给予衣食，整批整批的拐往未受战祸之区，卖给人家为婢、妾。广州湾的铺子，居然门外标出"有顶靓（美丽）金山婆"出卖，惨无人道，痛乎不痛？我所遇的同乡妇人即其中之一，被人带到蒙山出卖与人为妾，乃得保残生。

每日我与先室分授儿女中英文。文统正式拜我为师，严格从新训练其英语英文，并授以行囊中《白沙子全集》，劝其多读修心养性之学，而不要溺于颓靡的诗词。文奇的三叔与我成为挚友。几个家庭相处和谐之极。同时，我得享受生平从未经历过的真正农村生活，十分有趣，知识加增。（文统于胜利后，有《拜师记》一篇，详述此时期我们的生活，胜利后在广州《人间世》发表。）

日军压境，蒙山渐入战时状态。有平乐师管区营长黄某做了汉奸，丧心病狂，竟与日军通款，愿在蒙山为内应，"引狼入室"攻县城。卅四年一月十五日，日寇仅一大队二百人由黄某为助，下午入据县城。曾经力事抵抗之官兵民团乃撤退。敌以黄某为保安司令。汉奸"为虎作伥"，与日寇朋比为奸，奸淫掳掠，无所不为，留在城内之同胞惨矣。

次日，乡间盛传日军来扰。文奇、文统，连夜带领家人及我们与其他沈、郑两家（也是寄居陈家的）全体逃入距离六七里之六排山，由文奇代雇佃农代运行李。天黑山高，歧路崎岖，家人失散。途中又闻枪声卜卜，疑有歹徒图行劫，幸我们人多且有枪支，故不敢犯。深夜，全家与文奇等方得重聚于一土人黄姓家。在"风声鹤唳，草木皆兵"中，度宿一宵。岂料黄家男女，人面兽心，连夜将行李袋割开盗取衣物。我家损失值三四万元。其他诸家所失尤巨，约值百余万元。我们损失了两把剪发的洋剪——最有用的物质，因自入桂以后全家老幼均由先室用此剪发。在陈家寄居时，也为他们一家与几个帮助我们至为得力的佃农服务。（事后，我们诸家群向县长控诉，搜获赃物为证，将黄某判处徒刑，稍雪公愤，而损失的物资不可复得矣。）

翌晨，我们乃沿山径攀上山，暂居于邓姓农庄。先是，文奇等与我细商恐日军来袭，全村不安全，亟亟预谋退避计。乃先事上六排与邓氏商量。那是半山区独一的农庄，与陈家为世好，得其让出一木楼房上层与陈家，楼下为养猪之所，臭气扑鼻。我戏名此为"朱紫（屎）大楼"。而我则以千五百元赁了一小座堆牛屎的砖屋，故命名曰"牛矢山房"。沈、郑两家无屋可赁，亟斥赀以干草竹竿盖了两座大棚。有此准备，所以我们得有住所。是为我在抗战时期举家播迁之第十次。

最侥幸者，我先事雇工运来的五箱太平史料及名画，秘藏于邓庄，竟然无恙。为安全计，我于由陈宅运出时将五箱一一打开让人连挑工公开查验内容，免被他们起疑。众见皆是书籍、地图（我将

133

一卷地图放在画箱展给他们看），皆以为不值钱的东西（在他们看来确无价值），我又不加锁，只听运命安排放心送去。后来听说，有人果然怀疑是"银纸"，但挑夫力辩："纸是纸了，但不过是不值钱的纸张（书籍地图），是我们亲眼看过的。"

六排山居的生活，特别得很，大异于城市，甚至乡村农家的生活，好不容易过。我们所租赁的房子，是一间长方形的大房，高十一二尺，只有门，无外窗，还可避风雨。内有木建的小架，我们尽把行李搁在那里。架下原是用为堆牛屎（肥料）用的。那时虽已扫除，但积秽难清，臭气扑鼻，令人作呕。无可奈何，只有向邓氏买了一百斤禾杆，尽铺地上，厚有几寸。全家大小老幼，打开铺盖就睡在其上，臭气稍减。至于食的问题呢，则由陈家供应米饭"开大镬饭"而自借小锅做菜，瓦煲烹水（无茶叶了）。但肉类蔬菜，难于购买。为我们厨务的男仆（九龙随来的），要下山走十余里路才到圩场采办食料。每隔几天走一趟。所得而买的只有猪肉和白菜。我们每日吃饭两顿，菜式：早餐白菜炒猪肉；晚餐，转换口味，猪肉煮白菜（肥肉自有膏油）。天天如此，食之不厌，盖不得不食，无可选择也。我们全无家具，无桌无椅。凑巧山房门前有天然的大石一块，高约五尺，阔约三尺。我们就利用此为端饭菜的石桌，人人环绕着立食。小儿女当要人抱起来，或以小石垫脚，才够高度。

晚上无灯烛可燃。天一入黑，人人便睡觉。文奇派了四名农夫，各持步枪，入夜便在山头四面站岗守卫以防不测，照顾大众可谓无微不至。凌晨起来，孩儿们，自由活动，或去攀山巅，或玩山水。各拾枯枝回来以充燃料。妇人们洗衣服。我危然屹坐在山房内，随便拿一两本带来的书看看。每日有一定时间教稍长的儿女讲英语。因无汉文课本则口授以自己所记得的富有民族精神的诗词，如文信国的《正气歌》，于忠肃的《石灰》诗，郑所南的遗作，岳武穆的《满江红》等。他们都能熟诵。后来抗战胜利回粤，每为友人述及那时的生活概况，故友叶因泉兄（漫画名家）即挥笔为写《牛矢山房课子图》，以作纪念。（他又以违难时所见所历写了百幅《流民图》送给"广东文献馆"。）

信玉及文奇、文统兄弟常相叙聊天。也有同来避难者互相过从，倒不大寂寞。一日，老友赵文炳、饶宗颐跑了几十里路上山来访，重得畅叙，欢洽无限。我们为防避日寇来犯，又于日间上山巅视察形势，预盖草棚，以备万一，如寇军来即躲避于此。

最难过的是下雨的日子，一连十余天我们一家蜷伏山房，食于斯，卧于斯，不能出外。而幼儿又受寒患咳嗽，无医无药，只听其自然痊愈而已。不过比我们尤为艰难者则同患难的两家，住在大草棚，棚顶漏水，地下尽湿，坐卧均有问题，苦处难说。"比上不足，比下有余"，我们的"牛矢山房"不啻"安乐窝"了。

渐闻乡间传来消息，县内有人出来维持治安，局势缓和。三十日，我们复下山到屯治村陈宅，如前寄居。不料过了两天，日军到附近的文圩征粮。我们又吃一大惊，以为不免骚扰。文奇与我化装，挈我长女连夜逃亡。一夜三迁至各农村暂避，苦不可言。一连数日均如此，身体疲弱，几不能支。先室不肯走，独留在陈宅照顾儿女，勇气可敬。

二月，日寇与汉奸攻昭平，奸淫掳掠，全城受难。俘妇女百余回蒙山充军妓。蒙山城内妇女多疏散入山或逃避四乡，被害者少。日军又至文圩征粮。我们以为来扰本村，连夜四走以避其锋，后乃知误会。如是者屡屡。

其时，蒙山各乡民团，密事联络，谋大举反攻县城。有退伍军人任指挥。各处响应者三四千人。信玉、文奇于此举最为热心，得本乡壮士十四人，自备枪械以赴。文奇一从弟任队长。我们在信玉之大楼，夜间聚商军事，团众摩拳擦掌，准备杀敌，忠义之气凛然。我也参与其间多方鼓励，捐金赠猪为犒赏。我即为信玉题斯楼额："正气楼"。

那时，屡闻国军反攻胜利的消息，后皆证实不确，人人只空自欢喜而已。不过，时见盟国飞机翱翔空际，想知控制天空，胜利可期，人心振奋，希望不绝，大有"中原父老望旌旗"之状，不图自己亲历其境。

连月，民团反攻数次，杀敌多人，迫近县城。日军连汉奸共七八百人，但有大炮、臼炮三门，荔浦方面又来援军。我军因组织与战略不优，战斗力究弱，且甚畏大炮，终于无功四散，牺牲不少。

延至四月，日军前来攻扰屯治村之消息，日紧一日，且有报告谓指名来捕我及文奇者。我们大众忧虑特甚。卒与信玉等商定全体疏散，分四路走。我家由文统为向导，两名佃农为护卫，过六樟山到新开圩朋汉村刘家（文统母舅处）。因仓猝成行，及须走远路不能尽带行李，只留下在陈宅。我们各背小包衣物，妇人背负幼儿，于十六日上午三时动程。因道路泥泞难走，一出门我便跌落水潭，屈了一足，但不能不忍痛扶杖前行，一步一拐。陈家全体亦相继疏散，人无后顾，留下空房，只由几名佃户看守。

沿路皆崇山峻岭，辛辛苦苦过了一个高峰，前面又见更高的一峰。山路崎岖，山谷小径尤为险峻。上山难，下山尤难，高峰峭峻，容易失足。谷内乡民遍地插有"梅花桩"等，失足滚下，一命休矣。我们皆不敢携两幼儿穿过，幸得两壮健佃户，惯走山路者各抱一儿，大踏步通过了。我闭目不敢视，等他们平安过了才张眼。沿山路避难者络绎不绝。我们一家人分散，失了联络，稍长的儿女，急步先行。我们不能兼顾，只有听天由命而已。辛苦疲劳走了半天，才到一农庄稍为歇足，得尝一碗白粥。我囊中备有些干粮，仍不足充饥也。休息片时，又要赶路，幸山岭已过，平路易走。一直逐步逐步挨至晚上七时才到河边刘宅。家人团聚，人人饥渴疲劳，奄奄半死，盖已走了七八十里矣。是为我家全体避难播迁之第十一次。（按：这条山路就是当年太平军由陆路进入蒙山之路程之一）于患难中也得些史料，再踏上太平军北伐路线，方知当年大军之劳苦进军也。这是后来由乡民所口［回］传的故事。

文统母舅刘强盛厚谊隆情，殷勤招待我全家。处以二楼，供以饭食。我们稍得安心住下。但仍恐日军再来（前日已来一次，凶暴至甚，乡人有"谈虎色变"之概），我们因即预行租赁一艇大艇，泊于门前，准备一闻警报即驶艇沿江南下至藤县。

邻居有一位刘姓教员，彼此结识，颇相得，晨夕晤谈。向他借得几本小说，稍解愁闷，但一说到日军倘若再来，则彼此蹙眉苦脸相对如楚囚，毫无办法了。五月廿七日下午，我与刘正谈到前途绝望，难出生天之际，真是"山穷水尽疑无路"，忽然村里传出敌军与汉奸等全部退出蒙山。次日，消息证实为确，全体大喜过望，又有"柳暗花明又一村"之感了。

我即与文统商量归计。六月一日，全县治安恢复。我们乃乘先时所雇之大艇溯蒙江上行。适大雨滂沱，江水高涨丈余，不能急驶。至水秀（窦）泊舟江边。文统与长女步行回乡。（我们）雇了几名夫役，再来偕我们一同徒步回屯治。从此大难过了。

（本文出自简又文著《宦海漂流二十年》，1973年，传记文学出版社）

2. 蒙山的文酒之会

梁羽生

1944年7月，日寇入桂，桂林危急，简又文初随友人疏散至平乐，在平乐与家人会合后，9月间又迁至蒙山避难。《宦海漂流记》第二十五章《违难蒙山》，就是记载他在蒙山这段时间（1944年9月至1945年9月，恰好一年）的避难经过。记云："时，违难蒙山者有赵文炳、饶宗颐（无锡国专教授，老友也），何觉（擅文学，新交也），孔宪铨（蒙山中学校长，好填词）诸子常相过从，兼事唱酬，都借此风雅事起忘忧作用。何君创办'黄花学院'于邑城，我们均义务分任教席。我原不工词章，作诗不多，以笃于考证史学，动辄寻根究底的头脑不喜欢推敲觅句，亦不容感情奔放，多事幻想故也。但在特殊场合——如前时在沪、在京不禁好友诗文的影响，而吟与偶发，时或写出几首辞藻不丰，字句不佳的律绝。诗兴也会传染的，奇乎不奇？这回巧与几位都擅词章的朋友会合于蒙山，居然有文酒之会，我又乘兴吟了几首……"

简又文到蒙山后参加的第一个文酒之会，是1944年重阳节那天，应蒙山县参议会的邀宴，和避难蒙山的一班文人学者聚会的。当时的蒙山县参议会议长是他的学生陈文奇。陈文奇曾在简又文创办的"今是学校"求学，后来留学法国，专攻国际公法，曾任广西省政府驻镇南关的交涉专员。在那次的文酒之会中，简又文赋诗三首。

（一）

秋风秋雨又重阳，江北江南几战场。

黄菊留人挤一醉，不知明日在何乡？

此诗，简又文有注云："时，日寇已陷荔浦，有进犯蒙山之势，邑人多准备疏散入山。"荔浦与蒙山相邻，以产芋头著名。

又记云："赵君读至末句，触起满怀心事，不禁涔涔下泪。惟昔年同样避过兵灾者方才有此心酸心痛之经验也。""赵君"指文炳，字焕琴，甘肃人，是简又文任冯玉祥西北军政治部主任时的同事，后来又与简同任国民政府的立法委员。赵文炳工填词，擅书法，常代于右任如草书，几能乱真。

（二）

慷慨殉城一烈臣，古今忠义此精神。

蒙人尚忆吴州牧，九十年遗爱在民。

自注云："吴江，字云卿，汉阳人。咸丰元年，代理永安州知州，治绩颇著，爱民若赤。翌年秋，太平军克城，以身殉职，死事甚烈。蒙山人士念其贤，每岁举行春秋二祭，至今不辍。"蒙山，旧称永安州。墓在县城西面的山上。那年重阳节，蒙山参议会本来是邀请简又文同往祭墓的，后因雨阻，不果往。简诗的题记中有叙述。

（三）

烽烟犹是烛山城，告祭宁忘唤太平。

多谢多情东道主，愿凭杯酒洗刀兵。

"告祭"是告祭于吴江之墓，吴江是在太平军攻城时殉职的，而简又文则是治太平天国史的，故"唤太平"的"太平"二字，有多重意义。但作者的"愿凭杯酒洗刀兵"的祝愿，却没有实现。在他赋诗之后，不过两月，日寇就进犯蒙山，简也只能随陈家逃往山上避难了。

简又文在蒙山参加的另一个"文酒之会"是黄花学院同仁的雅集。与会的有赵文炳、饶宗颐、何觉、孔宪铨等人，分韵赋诗，以黄节的一句古体诗"春色满中原"分韵，简又文分得"色"字，作七言古体云：

甲申中秋后一夕，举杯邀月忘主客。

赵何饶孔联翩来，松风映带须眉碧。

> 棚瓜正肥夜香香，晚凉初放洗胸臆。
>
> 长空万里了无尘，郁勃诗心出酒力。

那年是1944年，干支纪年属甲申，明亡于1644年。那年春间，郭沫若有《甲申三百年祭》一文发表。"棚瓜正肥夜香香"句，作者自注："夜香，花名，夜间吐清香，可佐膳。"开首八句，写雅集的由来。第一句"甲申中秋后一夕"，点出时间；第三句"赵何饶孔联翩来"点出人物；四五两句"松风""棚瓜"点出地点是山居（此诗题目是《蒙州山居宴集黄花学院同仁》）。时间、人物、地点是纪事诗文的三要素，必须说得清楚。

第一段叙其由来，下面就分别介绍与会的人物了。

> 天马腾骧自西北，廿年关辅共袍泽。
>
> 精研律法推李悝，间倚新声宗白石。

这四句是介绍赵文炳的。赵和简在西北军共事，后又同为"立法委员"，相交廿年。赵文炳工词，词的风格属姜白石一派。"间倚新声宗白石"就是论他的词的。赵文炳的书法也很著名（可能还在他的词名之上）。梁羽生赠他的词有"上追怀素，墨泼南溟"之句。

跟着介绍何觉、饶宗颐、孔宪铨三人：

> 北田诗孙屯砚田，欲以文章来活国。

142

振衣千仞饶平饶，经史刚柔迹禹迹。

二麓妙笔绣春风，上与况王争一席。

严城笳鼓又天涯，忽漫相逢岂易得。

何觉是黄花学院的创办人，抗战期间，曾在蒙山县中任教。"北田""欲以"两句就是介绍他的。作者自注云："顺德何蒙夫觉，为晚明诗人北田馆主何石偕族孙，邀约同仁危城讲学。"

"振衣"两句介绍饶宗颐，亦有作者自注："岭东饶固庵宗颐，曾寓饶平凤凰山，以千仞名其诗集，尤精古舆地学。"饶宗颐战后来港，历任港大、中大、新加坡大学教授、中文系主任等职务。曾获法国汉学奖及港大颁发之名誉文学博士学位，在简又文当年"黄花学院同仁"之中，知名度最高。

"二麓妙笔绣春风，上与况王争一席"这两句介绍孔宪铨。作者注云："蒙州孔北涯宪铨，精长短句，传朱彊村之学。二麓盖其填词处也。况蕙风周颐、王半塘鹏运，皆岭西近代词人。"孔宪铨字北涯，广西蒙山县人，广州中山大学中文系毕业，[。]他读广州中大的时候，词学教授是著名词人陈洵（述叔），他是陈洵得意门生，但词风则更接近浙派词人朱彊村。王（半塘）况（蕙风）均系广西临桂县人，属岭西，和孔宪铨是"大同乡"，故简把孔与他们相比。"二麓"是蒙山县一个小村庄的名字。[，]孔宪铨故居在那里。

1942年孔宪铨回里担任故乡（蒙山）的县立中学校长。1944年秋，何觉在蒙山创办黄花学院之时，他也是义务教授之一。著作有

《北涯词》。他是陈洵门生，词宗彊村，朱彊村题陈述叔的《海绡词》有云："新拜海南为上将，敢邀临桂角中原。""临桂"者，即指王半塘况蕙风二人所代表的临桂词派也。王、况是孔宪铨的乡前辈，简又文认孔宪铨的词可"上与况王争一席"，可见评价之高。又，论年龄与辈分，本应先王后况，简诗将"次序"颠倒，那是为了调协平仄的关系。

简又文在介绍了赵、何、饶、孔四位文友之后，以下面两句——"严城笳鼓又天涯，忽漫相逢岂易得"——概括他的感想。当时的蒙山已是可闻战鼓声的"危城"了，邻县荔浦已经失陷，蒙山早已进入"战时戒严"状况，危城亦即"严城"。简和赵何饶孔等"黄花学院同仁"来自各方，在这种情况下"偶然"相聚，"明天"又不知身在何处（前述简的"重阳诗"有"不知明日在何乡"之句），"忽漫相逢岂易得"既是作者的感想，也是实况的叙述，而友谊的弥足珍贵，亦在不言而喻之中了。

尾段说到自己：

予也缁衣践九州，屋壁山岩苦冥索。

抛却年华付太平，不知费去几两屐。

"屋壁"句自注云："曾在沪主办《逸经》文史半月刊。""抛却"两句注云："予专治太平天国史垂廿五年。"

最后写他在蒙山避难的感慨和抱负。

大风吹我到此间，山居稍谢尘烦迫。

因思七载九播迁，虎口麻鞋几夺魄。

幸留耿耿寸心丹，坐对月光无愧色。

座中诸子贤哲侪，共写胆肝浮大白。

既开石室资雅才，弦歌直可压兵革。

伫看南纪壮波澜，收取春光被八极。

　　"大风"有双关意义，自注云："抗战军兴，余在港创办《大风》半月刊。""七载九播迁"说的是他在抗战期间搬家九次的事实。不过那是从"七七"抗战爆发开始，算至他来到蒙山之时（1944年9月）为止的。后来他还搬了两次家，一次是日寇逼近蒙山时，他搬至门生陈文奇的山村寓所；一次是蒙山沦陷后，他搬至新开（村名）刘家（梁羽生的外祖父家）。总共应是十一次。在他的《宦海漂流二十年》中均有记载。"座中诸子"指赵何饶孔等"黄花学院同仁"，其后几句说的也都是与黄花学院有关的事。"弦歌直可压兵革"，表现出他在"危城讲学的自豪"。黄花学院虽如昙花一现（寿命不过数月），但给他的记忆却是永远的。

　　他在蒙山的诗作，还有一首五言律诗，也是与黄花学院有关的，题记云："重阳后二日黄花学院师生共游蒙冲，余以小恙未往，独坐看菊，补咏一律。"诗云：

何处秋光好，檐前菊正黄。

人矜行远道，我独眷幽香。

明絜羞桃李，孤高耐雪霜。

会心成一笑，相赏莫相忘。

（本文出自《梁羽生评点民国闻人诗词》，2013年，香港天地图书有限公司）

后　记

　　最早听到饶宗颐教授的名字是在二十世纪八十年代，1985年我在广西蒙山县委统战部工作，时任统战部长的马富初同志是饶宗颐教授在蒙山黄花学院附中班曾教过的学生。马部长琴、棋、书、画样样皆能，他曾向我说过他的所学很多都来自饶教授，在他的推荐下，我开始拜读饶宗颐先生相关著作与传记。了解到饶宗颐教授在敦煌学、甲骨学、词学、史学、目录学、楚辞学、考古学和金石学等众多领域都卓有建树，不仅如此，在诗词文方面，饶教授一生也创作颇丰。因缘际会，我开始研究家乡先贤梁羽生先生的生平，从而得知梁羽生先生和饶教授也有一段师生之缘，每当和梁羽生先生讲起他与饶教授亦师亦友的交往时，梁老总是侃侃而谈。通过梁老，我对饶宗颐教授有了更深一层的认识。

　　2009年，我与覃才亮先生到香港出席梁羽生先生的追思会，在孙立川博士的安排下，我们有幸见到了饶宗颐教授并向他问好。九十二岁高龄的饶教授精神矍铄，思维敏捷，谈笑风生。当得知我们来自广西蒙山时，他手书六十多年前在蒙山龙头村避难时的一首诗赠我，并嘱咐我回到蒙山后，代他向龙头村李家的乡亲问好。这次见面更使我加深了对饶宗颐教授的敬慕。饶教授曾于1943—1945年间羁旅广西，他的足迹遍及广西桂林、蒙山、金秀、北流等县市，作为广西蒙山人，我便有了要写饶教授在广西特别是在蒙山这段经历的文章的想法。这几年间，我先后到饶宗颐教授当年留下足迹的桂林、蒙山、金秀、北流等地方考察，翻阅了《清晖集》《饶宗颐的文学与艺术》《饶宗颐学艺记》《无锡国专在广西》《无锡国专编年事辑》《广西通史》《蒙山抗日风云录》《金秀文史资料》《北流文史资料》等书籍，欣赏他的诗词和书法，探寻他羁旅广西时的精神世界。这些年我也多次访问饶宗颐教授当年的学生钟文典、萧德浩、李永仁、苏世贤，以及龙头村的李联荣、李棣荣、李康荣等人，从而获得第一手的口头资料并逐一整理，力求解读这位国学大师羁旅广西时的内心世界和生活原貌。于2019年8月终于完成了本书的写作。

本书收录了简又文先生和梁羽生先生两位先贤的文章，他们都是当年身处广西那段抗战艰难岁月的亲历者。孙立川博士是饶教授的入室弟子，在阅过书稿后，欣然为本书写了序言。孙博士的好友周焜民先生为本书题签，这些对我们是极大的鼓励，在此对诸位表示由衷感谢。

本书在征集资料和出版的过程中，得到了梁羽生长子陈心宇先生的大力支持。已故的深圳中旅集团有限公司常务副总裁、蒙山县人民政府原旅游发展顾问何秀池先生也给予了支持。潮州市饶宗颐学术馆陈伟明馆长、韩山师范学院赵松元教授及汕头的朱少滨先生在收集资料方面给予了大力帮助。北流的谭光朝先生、北海的朱健兄、蒙山文圩龙头村的李伟荣先生、李华瑞先生、李华胜先生，曾在龙头村插队并任队长的徐卓平兄等在资料收集方面也给予了关心和支持，承蒙以上诸君的鼎力相助，使本书能顺利撰写和出版，在此特表谢忱。

由于水平所限，本书错漏在所难免，敬请读者指正。

陶钢　陶桃

2019年孟冬